30 秒探索

时尚

**每天30秒
解读塑造这座城市的50个
关键场景、事件和建筑物**

U0124624

主编

[美] 萨拉·芬顿
（Sarah Fenton）

参编

[美] 金成（Cheong Kim）

[美] 安德鲁·克里扎克（Andrew Kryzak）

[美] 马修·戈登·拉斯纳尔（Matthew Gordon Lasner）

[美] 克里斯·麦克尼克（Chris McNickle）

[美] 克里斯托弗·米切尔（Christopher Mitchell）

[美] 帕特里克·努真特（Patrick Nugent）

[美] 南希·格林·萨莱斯基（Nancy Green Saraisky）

[美] 亚伦·什库达（Aaron Shkuda）

[美] 詹妮弗·沙朗（Jennifer Shalant）

[美] 迈克尔·维劳比（Michael Willoughby）

译者

刘晓安　韩永珍

机械工业出版社
CHINA MACHINE PRESS

Sarah Fenton, 30-Second New York

ISBN: 978-1-78240-453-8

Copyright © The Ivy Press Limited 2017

Simplified Chinese Translation Copyright ©2023 by China Machine Press. This edition is authorized for sale in the Chinese mainland (excluding Hong Kong SAR, Macao SAR and Taiwan).

北京市版权局著作权登记 图字：01-2019-4030号

图书在版编目（CIP）数据

时尚纽约/（美）萨拉·芬顿（Sarah Fenton）主编；刘晓安，韩永珍译.—北京：机械工业出版社，2022.6

（30秒探索）

ISBN 978-7-111-71063-9

Ⅰ.①时… Ⅱ.①萨…②刘…③韩… Ⅲ.①城市文化－纽约 Ⅳ.①G171.2

中国版本图书馆CIP数据核字（2022）第123107号

机械工业出版社（北京市百万庄大街22号　邮政编码100037）

策划编辑：汤　攀　刘志刚　责任编辑：汤　攀

责任校对：张亚楠　张　薇　封面设计：鞠　杨

责任印制：张　博

北京利丰雅高长城印刷有限公司印刷

2023年2月第1版第1次印刷

148mm×195mm·4.75印张·175千字

标准书号：ISBN 978-7-111-71063-9

定价：59.00元

电话服务　　　　　　　　网络服务

客服电话：010-88361066　机 工 官 网：www.cmpbook.com

　　　　　010-88379833　机 工 官 博：weibo.com/cmp1952

　　　　　010-68326294　金 书 网：www.golden-book.com

封底无防伪标均为盗版　　机工教育服务网：www.cmpedu.com

目　录

"一个认为自己腋窝味道比祷告更好闻的人，是不会注意文学传统的。"

前言

萨拉·芬顿

　　纽约唯一不起眼的地方是它的起源故事，因为纽约是"偶然"建立起来的城市。1609年9月，亨利·哈德逊乘船进入现在的纽约湾时，他不是在寻找政治、宗教或个人的自由，他是代表一家跨国公司寻找更为快捷前往中国的贸易路线。北美其他的早期殖民地，如普利茅斯、弗吉尼亚、马萨诸塞和马里兰各不相同，但它们都是经过深思熟虑后所建立的整齐划一的居民区，这表现为它们在文化上是统一的，即英式文化占统治地位。但新阿姆斯特丹（纽约市最初的名称）则不是这样。作为荷兰孤悬海外的殖民地，纽约是资本主义的定居点，成立的目的仅仅是对物质的野心。到17世纪50年代时，纽约成了各国定居者的混居之地，这些人包括荷兰人、瓦隆人（比利时及附近法国部分区域的人）、巴西各民族的人、法国人、英国人、葡萄牙人、瑞典人、芬兰人以及犹太人，据说他们说着18种语言，信仰"各种各样"的宗教。1664年，英国舰队占领了新阿姆斯特丹，并将其更名为纽约，从而占据了这个北美东海岸秩序最混乱、纷争也最多的渔村。

　　在接下来的一百年里，各殖民地的发展使得它们同英国政府间的矛盾越来越大，而纽约尤甚。纽约城充满竞争，并非铁板一块，人们参与政治的程度之高是纽约的一大特征。而美国独立战争则震惊了大英帝国，也震惊了历史学家。通过第二章的亚历山大·汉密尔顿传记，可以看到美国独立战争的后续影响。人们想知道，汉密尔顿作为一个移民以及商业和城市的爱好者，是如何在19世纪晚期，利用纽约标志性的远超其他城市的移民人口占比、工业化和城市化率而有一番作为的。到19世纪末，纽约成为全世界发展最快的城市，而下东区也成为世界人口密度最高的社区。到了1930年，纽约已超过伦敦成为世界上最大的城市。20世纪下半叶，纽约是世界文化和金融中心，还是世界两家最大的证券交易所的所在地。这些一定会让亨利·哈德逊和雇用他的荷兰东印度公司大惊失色，因为他们认为未来的纽约顶多只是国际海狸皮毛的交易市场。

考虑到纽约极快的节奏、宏大的规模和高度的多样化，你可能会问，作为小小的一本书，本书是如何将这些都装下的呢？简短的答案就是，这本书装不下。本书并不想像百科全书似的包罗万象。相反，本书友好地介绍了纽约这座城市。欢迎来到纽约。

本书编排

《30秒探索：时尚纽约》分为七章，每章都有6~9个主题以及一篇人物介绍。每个主题又分为三个部分：篇幅最长的部分是"30秒钟游览"，它是凝练的"叙事弧"，讲述故事的开始、发展和现状；左上方是概括主题的"3秒钟速览"，左下方"3分钟扩展"则评价主题的整体重要性或提供典型的细节，供读者做进一步的思考；在右侧读者会发现几个相关的条目，其中有两三段与本篇主题有关的"3秒钟人物传记"。这些成块的内容就好像是拼图中的一个个片段，将它们拼合成一页又一页，让读者逐渐掌握每个主题。很多时候，我们尽量不完全满足读者的好奇心，而是要激发读者的好奇心，这样更有益于读者。

本书中的话题看上去多多少少是按照时间排列的。它们始于纽约的形成，然后是居民，接下来是城市治理、变化，最后是体验纽约、研究纽约以及纽约让人开心的地方。读者无须通读本书，因为本书并不是线性叙事。就像书页之外的生活，本书中的条目在时间、故事、主题和描述方面互有重叠。特定的人物，如西奥多·罗斯福、詹姆斯·鲍德温，离开一个条目的场景，只是为了在另一个条目中再次出现。结构和时间多次出现的条目之间，看上去几乎没有瓜葛，但它们都发生在这座城市，因此自由女神像、布鲁克林大桥和帝国大厦都多次出现，类似的还有1863年的征兵暴动，当然这个条目就不是那么光彩了。

我与《30秒探索：绅士伦敦》的主编爱德华·丹尼森有过长时间的讨论，讨论的话题是两个城市各自的优点。他很好地论证了伦敦的历史意义和影响力，我在两个城市都生活过，我认同他的看法。我认为纽约强在更有活力，充满能量和创造力，有着不断变化的可能性。在这里使用的语言种类比在世界任何其他城市都多，说不定明天我就要学这些语言中的一种。多种宗教和民族都在这里出现，所以纽约是很有代表性的城市实验室，是一场要看看世界上所有的种族能否在一个狭小的空间并肩生存的试验。走出你在纽约拥挤狭小、价格不菲，还可能蟑螂成灾的公寓，你就会想，那个穿着暗灰色西装匆忙从你身旁经过的男人，会不会突然撕碎他的衬衣，变身超人？瞧另一边，坐在中央公园凳子上看上去很孤独的一个女孩，她可能突然开始放声高歌，仿佛生活的一切就是一场音乐剧。任何事情都可能在纽约发生。尽管很多事情转瞬即逝，而其中不少已经在本书的一页又一页里，被迅速地捕捉下来。

地理

地理
词汇表

布朗克斯动物园（Bronx Zoo） 美国最大的城市动物园，位于纽约市布朗克斯公园内，占地面积107公顷（265英亩）。于1899年开园，所在土地连同843头动物由福特汉姆大学出售给纽约市。现在动物数量约为4000头。

中央公园（Central Park） 美国游客最多的城市花园，占地面积341公顷（832英亩），位于曼哈顿中上城区。最早形成于1857年，1858年起由弗雷德里克·劳·奥姆斯特德和卡尔弗特·沃克斯扩建和重建。这是纽约标志性的背景，是世界上拍摄电影最多的地点。

康尼岛（Coney Island） 纽约布鲁克林区西南部的小岛，位于大西洋中，因木板路、海滩和各种游乐公园而闻名。人们认为岛的名字来自荷兰语或苏格兰盖尔语中"兔子"一词，因为这片区域有大量的兔子。

福莱特布什（Flatbush） 纽约布鲁克林区地势低洼的街区，1651年由荷兰殖民者建立。它是著名的埃贝茨棒球场所在地，这个场地在1913—1957年是布鲁克林道奇队（洛杉矶道奇队的前身）的主场，但在1960年被拆除。

福特汉姆大学（Fordham University） 一所私立研究性大学，有三个校区，分别是位于布朗克斯区的玫瑰山校区、曼哈顿的林肯中心校区和纽约州韦斯特切斯特郡哈里森的韦斯特切斯特校区。该校于1841年由纽约天主教教区建立，当时的名字是圣约翰学院。著名校友包括纽约州州长的安德鲁·科莫、美国商人和政治家唐纳德·特朗普以及演员丹泽尔·华盛顿和艾伦·艾尔达。

非裔美国人大迁徙（Great Migration） 位于美国南部农村的非裔美国人搬迁到纽约、芝加哥和其他北部和中西部城市。1910—1970年，约有600万非裔美国人加入了"大迁徙"。

约翰·F.肯尼迪国际机场（John F. Kennedy International Airport） 位于纽约皇后区，正式名称为纽约国际机场。于1948年启用，最初一般被人称为"爱德怀德"机场，后来为纪念1963年被暗杀的肯尼迪总统而以他的名字将机场重新命名。

范库尔水道（Kill Van Kull） 宽度为

305米（1000英尺）、长度为4.8千米（3英里）的潮汐水道，位于纽约斯塔腾岛和新泽西州巴约纳港之间，连接纽约湾和纽瓦克湾。水道上方建有1931年启用的巴约纳大桥，水道的名字源自17世纪荷兰的一个短语，意为"山脊旁水道"。

曼哈顿学院（Manhattan College） 私立的罗马天主教人文学院，位于曼哈顿运河街，于1853年由天主教兄弟会建立。学院于1922年搬到布朗克斯区的里弗代尔。著名校友有纽约前市长鲁迪·朱利安尼。

马纳哈塔（Mannahatta） 本地印第安人勒纳普部族对纽约所在地的称呼，意为"多山之岛"，后成为曼哈顿（Manhattan）的名字。英国探险家亨利·哈德逊的探险船"半月号"上一位叫作罗伯特·朱埃的船员在他关于1609年哈德逊河的探险日志中记录了马纳哈塔这个名字。

纽约植物园（New York Botanical Garden） 位于布朗克斯区，占地面积100公顷（250英亩），于1891年开园，大部分位于陆地上，之前的拥有者是烟草制造商人皮埃尔·罗尔亚尔（1833—1901）。

拉瓜迪亚机场（formerly New York Municipal，原名纽约市机场） 是位于纽约皇后区北部的国际机场，为纪念前市长菲奥雷洛·拉瓜迪亚而于1953年改为现名。其设施极其老旧，按纽约州州长安德鲁·科莫2015年7月宣布的计划，该机场将被一座新机场取代。

洛克威海滩（Rockaway Beach） 纽约皇后区的海滨区，位于长岛的南侧海滨，拥有美国最大的城市海滩。由于该地区有大量爱尔兰人后裔，所以过去曾被称为"爱尔兰海滩"。1977年，纽约朋克乐队"雷蒙斯"的歌曲《洛克威海滩》让它在历史上留名。该海滩曾受到飓风桑迪重创。

韦拉扎诺海峡大桥（Verrazano Bridge） 跨越韦拉扎诺海峡、连接斯塔腾岛和布鲁克林的悬索桥。韦拉扎诺海峡连通上纽约湾和下纽约湾。海峡以1524年第一个进入纽约湾的欧洲人、意大利佛罗伦萨探险家乔瓦尼·达·韦拉扎诺的名字命名（他的姓氏在桥名中拼错了，漏了一个z）。大桥建于1959—1964年，由奥斯玛·安曼设计，他也是华盛顿大桥的设计者。纽约马拉松的起点是大桥位于斯塔腾岛的一端。

纽约的形成

30秒钟游览

3秒钟速览
纽约的天际线从一处古老的基岩处跃出，这处基岩形成于据今4亿到5亿年前，全纽约的建筑物和基础设施都建于它之上。

3分钟扩展
20500年前，北美最后一个冰河时代将纽约这片区域锁在拉布拉多冰盖下方。随着冰盖融化，不断抬高的海潮便形成了纽约的群岛。就在我们现在所知的这座城市下方，存在着地质作用力，城市里有一系列遍布岩石的公园和公墓，从布鲁克林区一直延伸到皇后区，所在的位置恰好就是过去冰盖的边缘。而在地势平坦的地方，如布鲁克林区的福莱特布什，就坐落着地势较低的街区和冰水沉积海滩，如康尼岛。

远在布鲁克林气候凉爽时期前，并且在新阿姆斯特丹成为纽约之前，数千米厚的冰覆盖着这座未来的大都市。纽约于18000年前的冰河时代开始"露头"，不久之后人类就开始造访这里。这座城市的下方，基岩的年代从1.9亿年到11亿年不等，但城市的故事并不是从这些基岩开始的。基本上对于一个新旧掺杂的城市来说，中央公园、展望公园、纽约植物园和其他公园里的游客们，可以看见过去地质变迁的遗迹，它们的形式多种多样，有片岩构成的堤防和冰川漂砾，还有远古山脉深处的其他自然特征。位于纽约的野生动物保护协会的景观生态学家们最近研究了纽约的生态历史，发现自1609年欧洲人来这里前的数千年里，也就是这个城市仍然被印第安人勒纳普族称为"马纳哈塔"的时候，熊、狼、鸟类和蝾螈在山峰、峡谷、森林、淡水湿地、咸沼泽、池塘和溪流的美景中奔跑嬉戏，而海豚和鲸鱼则在港口游水徜徉。

相关主题
殖民者　24页
水道　60页

3秒钟人物传记
老西奥多·罗斯福
1831—1878
美国第26任总统小西奥多·罗斯福（1901—1909年在任）的父亲。老罗斯福与他人共同创立了纽约大都会艺术博物馆和美国自然历史博物馆。

本文作者
詹妮弗·沙朗

来到宏伟的美国自然历史博物馆，游客们可以一窥美国的历史，并观察很久以前野生动物的模型。

布朗克斯区

30秒钟游览

3秒钟速览

尽管布朗克斯有着坚韧不拔的名声，但纽约人所知的布朗克斯区，以充满活力的街区和出类拔萃的港口，以及陡峭的悬崖、起伏的山峦等自然保护区而闻名。

3分钟扩展

20世纪90年代晚期，政策制定者计划在布朗克斯区南部建造设施来处理纽约市差不多一半的垃圾。南布朗克斯区域以拉丁裔和非洲裔工薪阶层为主。这里一群活跃的社会活动人士成功地在2001年挫败了该计划。社会活动家马霍拉·卡特于同年建立了"南布朗克斯可持续发展"组织。现在，"绿色经济"是南布朗克斯的前沿竞争力，该区域计划建造城市农庄，改造滨海区域，并打造绿色空间。

布朗克斯区以17世纪瑞典移民乔纳斯·布朗克的名字命名，它是纽约各区中唯一位于大陆上的行政区。一直到19世纪中叶，蒸汽船和铁路到来之前，它是韦斯切斯特县的片片农田。1874年，西布朗克斯是曼哈顿之外第一片纳入纽约版图的区域，接下来在1898年东布朗克斯区也成为纽约的一部分。曼哈顿学院、福特汉姆大学和其他位于东部山区的大学校区让布朗克斯区有了"大学之区"的名声。布朗克斯区的历史是由其丰富的移民文化所决定的，移民包括德国人、爱尔兰人、意大利人、波兰人、俄国人、东欧和中欧的犹太人、非洲人、波多黎各人、牙买加人和多米尼加人。1891年，纽约植物园开园，接着布朗克斯动物园于1899年开业。从1948年起，横穿布朗克斯的高速路将南布朗克斯地区隔绝在外，此时产业工人的工作开始减少。污染和火灾摧毁了这个区域，它在20世纪70年代成为城市衰败的象征。然而，嘻哈音乐出现在这里的家庭聚会中，调音师库尔·赫尔克就是在这些聚会中发明了这种艺术形式。自此，由马约拉·卡特领导、倡导种族和环境公平的活动家们就建造了社区公园，成立了食物合作社，并领导环境监管项目，以振兴这个区域。

3秒钟人物传记

乔纳斯·布朗克
1600—1643
来到新尼德兰（荷兰在北美的殖民地）的瑞典移民，布朗克斯区以他的名字命名。

库尔·赫尔克
1955
牙买加出生的调音师，曾用名克里弗·坎贝尔，被认为是20世纪70年代在布朗克斯区出现的嘻哈音乐的创始人。

本文作者

克里斯托弗·米切尔

尽管布朗克斯区是美国人口密度第三大的地区，但布朗克斯区有四分之一的土地是休憩用地，包括纽约植物园和布朗克斯动物园。

布鲁克林区

30秒钟游览

布鲁克林区自1898年起便是纽约人口最多的区。这里最早的居民是说芒西语的勒纳普族印第安人，他们因暴力、疾病和被剥夺选举权而离开。后来西印度公司被这里的自然良港和肥沃的土地所吸引，从而占据了此地。18和19世纪时，因离曼哈顿不远，布鲁克林的名字讲英语的人统治下变得英语化了，这对布鲁克林来说是一个喜忧参半的事。布鲁克林算是一个大城市的通勤郊区，但仍然保持了"坚决"的独立性，比如这里的人们在1859年开办了布鲁克林音乐学院，而拒绝依赖曼哈顿来丰富自己的文化生活。到了19世纪末，布鲁克林终于向不可避免的趋势屈服了。1898年1月1日，《纽约市城市宪章》规定，"纽约市"由五个区组成，它们分别是布鲁克林区、皇后区、斯塔腾岛区、布朗克斯区和曼哈顿区。20世纪中期的繁荣让布鲁克林的人口最高达到270万人，但这并未持续下去，产业开始衰落，而人们喜欢的布鲁克林道奇队也离开了。由于缺乏"发展"，导致21世纪出现了令人吃惊的反转，被废弃的工厂和漂亮整齐的赤褐色联排住宅吸引了眼光敏锐的中产阶级入住，这同荷兰水手们曾被"新世界里又鲜又绿的景色"所吸引如出一辙。

布鲁克林区位于长岛的西南端，与皇后区接壤，东河将它与曼哈顿区隔开。

曼哈顿区

30秒钟游览

3秒钟速览

曼哈顿的拥挤人群合唱着汹涌猛烈、各式各样的歌,眼中熠熠闪光,曼哈顿人的脸庞和眼睛永远照耀着我。
——沃尔特·惠特曼

3分钟扩展

"贫民窟清除"项目要拆除历史悠久的社区,搬迁成千上万人。反对这个计划的活动家简·雅克布斯和保护社区的人士发动了针对"权力掮客"罗伯特·摩西的斗争,后者是非选举产生的城市规划者,他企图将下曼哈顿大部分铲平,以便为快速路让道。1962年,摩西退却了,因此现在曼哈顿人不需要跑着穿过高速公路,还能在苏荷街区的石子路上闲逛。苏荷是纽约而且可以说是世界的艺术和时尚中心之一。

1625年,荷兰殖民者将"多山之岛"或勒纳普族印第安人的"马纳哈塔"更名为新阿姆斯特丹。新阿姆斯特丹港在奴隶劳工的建设下,成为新尼德兰的中心,接下来,英国在1664年又将它改名为纽约。到了1790年,它成为美国最大的城市,并短暂成为联邦首都。1792年,金融家们在市中心开会,讨论美国的贸易问题,他们达成协议发行国库债券,后来便发展成为纽约证券交易所。随着曼哈顿发展成一个到处是难民和移民的拥挤大都会,城市规划者们试图用一个庞大的公园系统来改善人口密集、垃圾遍地的城市形象,而其中心就是宏伟的中央公园,它于1857年开园。1904年,第一条地铁通车。19世纪的学院派建筑风格让位给高楼迷宫式的建筑风格,在高楼的办公室里有世界上最有权势的公司,更不用说百老汇街和博物馆街(曼哈顿第五大道位于82街和104街之间的部分)了。在非裔美国人大迁徙的时代,数以百万的非裔美国人搬到曼哈顿,将哈莱姆街区变成了著名的非裔美国人政治中心,同时这里还是非裔美国人文学和艺术中心。1952年,联合国在曼哈顿中区建立了总部。经历了漫长的经济危机和世贸中心911恐怖袭击后,曼哈顿正在重新恢复繁荣。

相关主题

911恐怖袭击　54页
城市规划　72页

3秒钟人物传记

胡安·罗德里格斯
1613年有历史记载
出生于多米尼加,乘坐"宏歌托比亚斯"号远航,成为第一个在纽约定居的非印第安人。

罗伯特·摩西
1888——1981
充满争议的城市规划者,负责纽约路网的规划。

简·雅各布斯
1916——2006
美国记者和城市研究积极分子,是反对"贫民窟清除"项目的草根抗争运动的组织者。

本文作者

克里斯托弗·米切尔

曼哈顿是美国第二小的县级行政区,但却拥有一些世界上最受欢迎的景点。

皇后区

30秒钟游览

3秒钟速览

"我讲的是皇后区（Queens）的英语，而不是英国标准（Queen's）英语。"
——辛迪·劳帕

3分钟扩展

2012年十月下旬，飓风桑迪在位于罗卡威海滩的皇后区南海岸线登陆，引发的洪水和火灾摧毁了整个城市街区，尤其是名叫"微风点"的社区，被大火完全烧毁。皇后区的一些居民丧生，数千人流离失所，很多人永久无家可归。尽管过去三年了，皇后区的居民们一直在等待救援和保险公司赔偿，但具有快速恢复能力的南海岸滨海社区开始复苏了。

皇后区是在马斯佩特族、马提奈科克族、洛克威族和卡纳尔西族等原住民被驱离后，在他们的村庄和小路上建造起来的。早在17世纪20年代，荷兰和英国殖民者就以皇后区为家了。皇后区因英格兰国王查理二世的王后凯瑟琳而命名，直到19世纪，其组成还主要是小村镇和大农场。美国内战之前，皇后区还拥有该区域的赛马场。施坦威钢琴公司在阿斯托利亚建造了一间工厂，而工业也沿着长岛市的滨海区一路延伸，之后皇后区作为一个县级行政单位才随着1898年《纽约市宪章》的颁布而成为纽约市的一个区。与长岛铁路和纽约地铁连通，尤其是到曼哈顿的皇后区大桥建成后，带来了经济和人口的大量增长。人口从1900年约15万人增加到1930年的一百多万人。1939年，纽约市机场（现名拉瓜迪亚机场）开始运营商业航班，接下来纽约国际机场（现名肯尼迪机场）于1948年启用。1939年和1964年，两届世界博览会为皇后区带来了数以百万计的游客。皇后区还是纽约大都会棒球队的主场，也是美国网球公开赛所在地。皇后区作为纽约市五个区中种族最多样化的一个区，有一半的居民是在美国之外出生的，居民们使用100多种语言。

相关主题

当纽约遇到海　18页
棒球　140页

3秒钟人物传记

克里斯托弗·沃尔肯
1943—
皇后区的著名"产物"，美国演员和奥斯卡奖获得者，出生于皇后区阿斯托利亚。

辛迪·劳帕
1953—
歌手、演员，也出生在皇后区阿斯托利亚，以歌曲《女孩们只想尽情放肆》和《一次又一次》而闻名。

本文作者

克里斯托弗·米切尔

作为纽约两座机场的所在地，毫无疑问，没有其他地方比种族多元化的皇后区更像是世界的"大熔炉"了。

Welcome
to Queens
"The World's Borough"
Mayor Bill de Blasio
Boro Pres. Melinda Katz

1858年10月27日
出生在曼哈顿东20街26号

1880年
6月从哈佛大学毕业，12月进入哥伦比亚大学法学院

1881年
成为纽约州议会有史以来最年轻的议员

1898年
领导骑兵旅在圣胡安山战役中获胜

1898年
以1%的优势当选为纽约州第33任州长

1901年
在威廉·麦金莱总统遇刺身亡后成为美国第26任总统

1904年
巴拿马运河工程开工

1905年
推动国会组建林务局

1906年
因调停日俄战争而获得诺贝尔和平奖

1908年
让科罗拉多大峡谷成为国家公园

1909年
总统任期结束

1912年
组建国家进步党（也被称为"公麋党"），总统大选中败给伍德罗·威尔逊

1919年1月6日
在纽约去世

人物介绍：西奥多·罗斯福

THEODORE ROOSEVELT

纽约在美国的政治生活中发挥着如此重要的作用，但令人吃惊的是，仅有一位纽约本地人曾担任过美国总统这一最高职位。因威廉·麦金莱遇刺身亡，1901年9月，西奥多·罗斯福成为美国第26任总统，时年42岁，是美国历史上最年轻的总统。罗斯福兼具一系列极具美国人特点的矛盾于一身：他是保守的共和党人，但却推动了进步主义的改革；他热衷于打猎，但又加强了环境保护；他是军事上的鹰派，但却被授予诺贝尔和平奖。

罗斯福出生在曼哈顿一个显赫的家庭，他克服了哮喘病，度过了家人溺爱的童年，让自己的名字成为硬汉的代名词，他还在美西战争中组织了著名的骑兵旅。军事上的盛誉帮助他成功赢得1898年纽约州州长选举，并在两年后当选副总统。担任总统时，他将总统办公室和官邸更名为"白宫"，还雇佣来自纽约的麦金·米德·怀特建筑师事务所在1902年为白宫增加了西厅。他好斗的风格让他疏远了首都华盛顿的朋友甚至敌人，但当他1910年返回故乡纽约时，纽约人以前所未有的规格为他举行了盛大的欢迎仪式。

罗斯福作为一位伟人，并不像他同时代的人那样害怕大型企业或"肌肉外交"，他认为在工业革命带来的变化面前没有回头路。相反，他认为抑制产业过剩是联邦政府的职责。就任仅五个月，他就成功地以垄断铁路建设为由将J.P.摩根公司告上法庭。他通常被人们认为是一位"反托拉斯者（垄断破坏者）"，更准确一点应当将其视为一位不愿道歉的监管者。他矫正20世纪早期工厂、煤矿和血汗工厂里令人愤怒的工作环境，为在其中工作的童工提供了社会福利制度。这项政策被称为"公平协议"。在美国之外，人们认为罗斯福横行霸道，在国内也是如此。他建议美国外交官"温言在口，大棒在手"，最著名的政绩是推进巴拿马运河的项目。为了阻止实业家对令人惊叹的美国西部每一寸土地进行开采的企图，罗斯福再次展现了联邦政府的权威，于1908年宣布科罗拉多大峡谷为国家公园。在罗斯福担任总统期间，共建立9300公顷（2.3亿英亩）公共土地，沿着这些土地的每一条路，都可称颂他环保主义的远见。

萨拉·芬顿

斯塔腾岛

30秒钟游览

3秒钟速览

因为被忽略而感到挫折的斯塔腾岛居民称该岛为"被忘记的自治区"。而说到旅游和大规模开发的时候，他们则倾向于保持现状。

3分钟扩展

传说斯塔腾岛成为纽约州而非新泽西州的一部分，是因为17世纪70年代一次关于航行的打赌。但直到1898年，斯塔腾岛才加入纽约市。城市合并当时得到多数居民的支持，但很快又失去了这些支持，因为斯塔腾岛居民发现在自己的地盘里要进行一长串不希望做的事情，如建设监狱、结核病医院和"河床"垃圾填埋场。

斯塔腾岛的面积比两个曼哈顿还要大，乘船从斯塔腾岛到纽约金融中心只需20分钟，驶过自由女神像就到了。该区人口最密集、文化最多样的街区位于岛的西北角，从这里岛上唯一的客运铁路斯塔腾岛捷运系统向南行进，全程23千米（14英里），沿着该岛东部海岸行进，服务郊区社区。从岛的中心往南走是一片地势陡峭的受保护林地，从高处能看到美丽的景色和大型的住宅区。岛的西侧，是一条狭窄的潮汐通道即范库尔水道，它将该岛与新泽西州隔开。这里便是城市化的最后地点。英国人利用斯塔腾岛未开发的地形，在美国独立战争时期建立了瞭望台和木材厂。19世纪时，斯塔腾岛的农业景观又变成了小型工厂和维多利亚式的度假村。随着韦拉扎诺海峡大桥于1964年完工，该区的经济和人口开始爆炸式的增长。一开始是从布鲁克林区过来的爱尔兰和意大利移民，接着是来自俄罗斯、利比亚和斯里兰卡的移民。飓风桑迪过后，面对不断抬升的海平面，城市规划师和政治家们继续就如何最好地指导恢复性发展展开了辩论。

相关主题

当纽约遇到海　18页
桥隧　68页

3秒钟人物传记

爱丽丝·奥斯丁
1866—1952
最早拍摄纽约街景的女性摄影师之一，她拍摄的数千张照片在她位于斯塔腾岛克里尔康佛特的故居展出。

鲍比·汤姆森
1923—2010
纽约巨人棒球队的三垒手，他"打出的一投让世界都听到声音"，让巨人队在1951年棒球联赛中超过了布鲁克林道奇队。

本文作者

帕特里克·努真特

纽约市和纽约州最南端的部分就是斯塔腾岛，它是纽约五个区中人口最少的区。

当纽约遇到海

30秒钟游览

3秒钟速览

康尼岛的木板路、华尔街还有洛克威海滩都受到海平面不断上升的威胁,然而没有现成的"指导手册"可供参考利用。

3分钟扩展

当飓风来袭时,任何城市都会遭殃,纽约更是如此。纽约湾位于大西洋的开阔水域,风暴潮来临时易受到袭击,而住宅开发区、医院、学校和发电厂都沿着海岸而建。城市供水系统和地铁等大量的地下设施以及有着高层建筑和悬索桥的天际线,都使得采取措施积极应对海平面上升变得至关重要。

纽约被人们昵称为"混凝土森林",但它也是一座有着众多岛屿的城市,一座停泊在大西洋中的大都市。长达865千米(538英里)的海岸线围绕着这个美国人口最密集的城市,同时也是美国极易受到气候变化影响的城市。自1900年起,纽约超过90%的湿地都被回填和铺路,使得纽约失去了抵御洪水的关键屏障。飓风桑迪在2012年10月29日扫过纽约时,风速高达每小时130公里(80英里),还带来了创纪录的风暴潮,这座城市陷入了瘫痪。数百万居民断电数日,上千处住宅和商业建筑被摧毁。洪水图自1983年起就未更新过,从那时起,居住在易发洪水区域的居民数量增加了80%有余,而危险建筑物的数量则增加了九成。2013年,纽约市长迈克尔·布隆博格启动了总金额195亿美元的重建和恢复计划。该计划拟建设适应性的防洪堤、风暴潮障碍和沙丘系统,并修订全市的建筑标准。这个计划被认为是全世界城市最全面的针对气候的恢复计划,尽管花费不菲,但单是飓风桑迪带来的190亿美元的损失也是相当大的。

相关主题

水道 60页

3秒钟人物传记

迈克尔·布隆博格
1942 —
美国商人和政治家,从2001~2013年连续三届担任纽约市长。

本文作者

詹妮弗·沙朗

纽约市的海岸线全长840千米,比迈阿密、波士顿、洛杉矶和旧金山的海岸线加起来还要长。

居民

居民
词汇表

比佛街（Beaver Street，海狸街） 位于下曼哈顿金融街内的一条大街。它是17世纪60年代曼哈顿地区最早被命名的街道之一，以纪念海狸这种啮齿目动物，其皮毛是第一批的定居者和本地勒纳普族印第安人进行贸易的货物。最早的犹太人教堂于17世纪晚期建造于比佛街一处租下的区域中。

伊利运河（Erie Canal） 连通哈德逊河和伊利湖的运河，于1817—1825年建造。

哈莱姆街区（Harlem） 位于曼哈顿一城区，从20世纪20年代起，就是非裔美国人生活、经商、宗教和文化的中心。1658年哈莱姆建立时，是一个荷兰小村庄，以荷兰的城市命名。它是20世纪二三十年代中期"哈莱姆文艺复兴"的发源地，产生了大量的非洲裔美国艺术家、音乐家和作家。

国王学院（King's College） 哥伦比亚大学的前身，建立于1754年，因英国国王乔治二世而命名，在百老汇街三一教堂旁有一处校舍。其校友中有古弗尼尔·莫里斯，他起草了美国宪法的部分

章节。国王学院于1776年关闭，1784年重新开学时更名为哥伦比亚大学。

梅森—迪克森线（Mason-Dixon Line） 由英国天文学家和测量学家查理斯·梅森和杰里迈·迪克森于1763—1767年测定的边界线，结束了马里兰、宾夕法尼亚和德拉瓦等英国殖民地的边界争端，后来被视为北方州和南方州的边界线。1780年宾夕法尼亚州废除奴隶制后，成了奴隶制合法性的分界线。

浸礼池（Mikvah） 犹太教洗礼时使用的"澡盆"。

美国全国有色人种协进会（National Associationfor the Advancement of Colored People） 成立于1909年的民权组织，旨在"保证所有人在政治、教育、社会和经济方面的平等权利及消除种族仇恨和种族歧视"。由律师莫尔菲尔德·斯托雷、主张妇女参政的记者玛丽·怀特·奥文顿和作家W.E.B.杜·布瓦等人建立。

珍珠街（Pearl Street） 是位于曼哈顿下城区的一条街道，起于巴特里公园，

止于布鲁克林大桥。名字源于荷兰语"Parelstraat"，因在东河中发现大量的牡蛎（盛产珍珠）而如此命名。纽约第一座市政厅是1653年荷兰人统治时建立的市政厅，位于珍珠街73号。

圣真纳罗节（San Gennaro Festival） 始于1926年，是位于纽约"小意大利"桑树街的意大利移民纪念那不勒斯的主保圣人圣真纳罗的宗教庆祝仪式。现在则主要是街头市场和意大利-美国文化的庆祝仪式。

韦拉扎诺海峡（The Narrows） 通往纽约市的海峡，潮汐海水将斯塔腾岛和布鲁克林分割开来，连通上纽约湾和下纽约湾。跨越海峡的韦拉扎诺海峡大桥于1964年建成。

三一教堂（Trinity Church） 一座美国新教教堂，位于曼哈顿下城区，靠近百老汇街和华尔街的交叉路口。1697年建于华尔街的一端，是曼哈顿的第一个新教教堂。原址的教堂在美国独立战争期间毁于大火。战后，该教堂同前英国殖民地内的所有新教教堂一道，同英国新教断绝关系，组成了美国新教。教堂于1788年重建，但于1839年被毁。现今的教堂是第三座，修建于1839—1846年。911恐怖袭击发生后，震惊的纽约市民在该教堂内藏身，以避开烟尘和残骸。

"地下铁路"（Underground Railroad） 19世纪奴隶们利用一个废奴主义者运作的"安全屋"网络和秘密路线逃往自由之地。在纽约的"地下铁路"中，有很多重要的停留站，而不仅仅是位于曼哈顿下城区教堂街158号的非裔卫理圣公会教堂（俗称"自由教堂"）和布鲁克林区希克斯街75号的普利茅斯教堂（俗称"地下铁路的中央车站"）。

叶史瓦大学（Yeshiva） 学习犹太宗教经文的教育中心。

殖民者
——占领曼哈顿的殖民者

30秒钟游览

本文作者

詹妮弗·沙朗

3秒钟速览

勒纳普⊖人和荷兰人，与现在的纽约人一样，对自己的家乡有浓厚的兴趣。但不幸的是，勒纳普人和荷兰人对对方的感觉不尽相同。

3分钟扩展

尽管一开始殖民者依赖勒纳普人以获得友谊和贸易，但一旦他们自给自足，这种关系很快就恶化了，冲突也随之而来。1643年2月25日，殖民地首领基夫特领导了一起针对勒纳普人的突袭，这与很多荷兰定居者的意愿是相违背的。此次屠杀发生后，基夫特的对头、荷兰人戴维·皮特兹·德·弗里斯与勒纳普人的头领彭哈维茨会面进行和平谈判，但协议很快都被撕毁了。

纽约曾被叫作新阿姆斯特丹、新马纳哈塔。纽约作为文化的大熔炉，其文化身份从来就不是一成不变的。1609年当亨利·哈德逊乘船进入纽约港时，周围植被覆盖的乡村景象还是勒纳普人的家园。在欧洲人到来之前，土生土长的印第安人已在此居住了几千年，他们一边打猎、捕鱼和采摘觅食，一边种植玉米、豆类和南瓜。他们将岛的中央称为"马纳哈塔"，意思是"我们获得弓箭的地方"，这是对此处丰富木材资源的肯定。勒纳普人依赖的自然资源中就有海狸，但很快就被荷兰殖民者觊觎上了。令人悲伤的是，水痘和其他来自欧洲的疾病的传播让无数勒纳普人丧生。就像传说中的那样，决定命运的交易是以这样简单的买卖来实现的：荷兰总督彼得·米努伊特于1626年5月24日从印第安人手中买下了曼哈顿岛，买卖的地点就是现在曼哈顿岛北部的英伍德山公园。交易的价格是价值仅为24美元的小首饰。双方的关系很快就恶化了。1641年，殖民者和勒纳普人之间的战斗开始了，部分原因是新尼德兰省省长威廉·基夫特的野蛮领导。到17世纪末，勒纳普人已经基本上从他们的家园消失了。

⊖ 又译莱纳佩族。——译者注

亨利·哈德逊乘船离开阿姆斯特丹前往北美，是为了寻找前往中国的通道，船上共有18名船员，资金则来自荷兰东印度公司。

Hudfons: River

英格兰人

30秒钟游览

3秒钟速览

英国人为纽约命名，修建了美国最古老的公园，建造了"人气旺盛"的教区教堂。

1664年，当英国舰队通过韦拉诺扎海峡占领荷兰人的城市新尼德兰时，只有数量相当少的英国家庭住在曼哈顿，而刚改名为纽约时，这里的多数居民是说荷兰语的法国人、德国人以及斯堪的纳维亚人，还有荷兰的新教徒。尽管英国人仍是少数，但英国人占据了高级政务职位和显耀重要的行当。三一教堂作为纽约最早的英格兰圣公会教堂（教区），建造于1697年，它很快成为纽约最大的集会场所。过去一直信奉荷兰归正会的英国家庭回到了英国圣公会教堂，而很多荷兰人则改宗英国圣公会，进一步实现了上层家庭的英国化。随着荷兰语让位于英语，曼哈顿下城区里老街的名字被更换了，百老汇、华尔街、比佛街、珍珠街的名字都进入了词汇中。英国报纸和宗教派别，如贵格会、浸礼会和长老会，进一步增强了英国的影响力，而来自英伦各岛的移民也夯实了英国在社会和商业生活中的统治地位。到美国独立战争时，纽约是大英帝国的第三大城市。

3分钟扩展

英国人并未从纽约消失。1770年英国人成立圣乔治会，旨在帮助陷于困顿或处于危难中的同胞脱困，它至今都是纽约最大的英国慈善机构。圣乔治会不光为长者和残疾人提供经济上的帮助，还为学习上具有天资的学生提供奖学金。

3秒钟人物传记

爱德华·海德（康伯里勋爵）
1661—1723
1701—1708年任纽约总督。纽约历史学会一幅据传是他的画像里，他穿着整套女人的衣服。

本文作者

安德鲁·克里扎克

美国独立战争初期，从人数和影响力上讲，纽约的英格兰人都是在这座城市中占主导地位的族裔群体。

1755年1月11日
出生于西印度群岛中的英属尼维斯岛，母亲是蕾切尔·福赛特，但并未与他的父亲结婚

1765年
搬到圣克罗伊岛，被父亲抛弃

1768年
母亲因黄热病去世，他也几乎丧命

1772年
飓风肆虐了维尔京群岛，他的资助者们为他的海外船费提供了资助

1775年
加入纽约民兵组织，同英军作战

1777年
在华盛顿军中被任命为中校

1782年
被选为大陆会议议员

1784年
帮助成立了纽约银行

1788年
为纽约州的利益而战，批准了美国宪法

1789年
华盛顿当选为美国第一任总统，任命汉密尔顿为首任财政部长

1801年
在陷入僵局的选举中，建议联邦党人支持托马斯·杰斐逊而非阿伦·伯尔

1804年7月11日
在新泽西同副总统阿伦·伯尔的决斗中失利

1804年7月12日
在位于格林尼治的朋友家中去世

人物介绍：亚历山大·汉密尔顿

ALEXANDER HAMILTON

2009年4月，白宫邀请纽约作曲家林-曼埃尔·米兰达参加一场反映"美国经历"的音乐和诗歌之夜。他没有献上为自己获得2008年托尼奖、表现生活在曼哈顿的多米尼加裔美国人的音乐剧《身在高地》中的歌曲，而是出人意料地表演了一段极具魅力的说唱音乐，内容是关于美国首任财政部长亚历山大·汉密尔顿的。

六年后，音乐剧《汉密尔顿》在百老汇首演。如果满堂彩似的评论都不足以让你相信，这台表现了一位曾起草85篇联邦党文件中51篇政治家的嘻哈式音乐剧颇有意义，那么试看这么做：想象托马斯·杰斐逊、乔治·华盛顿或詹姆斯·麦迪逊，他们在自己位于弗吉尼亚广袤种植园的家中；再想象一下与他们同时代的汉密尔顿，他穿着自己色彩鲜艳的衣服，出现在喧嚣热闹的纽约街头。汉密尔顿没有出生在纽约，但他选择成为一个纽约人。他讨厌乡村生活，完全就像杰斐逊讨厌城市生活一样。杰斐逊不相信银行和金钱，但汉密尔顿认为商业是美国这个新生国家的生机之所在。汉密尔顿家境贫寒，作为非婚生子，他于1755年出生在加勒比海中一个叫尼维斯的小岛上。这种状况让他更符合一个纽约人的标准，因为现在纽约居民中有37%不是在美国出生的。汉密尔顿是这些人的保护神，他体现了上述身份中最具美国特征的部分，即移民的奋斗精神，他们勤奋、有活力又聪明。

汉密尔顿在1772年飓风摧毁维尔京群岛后乘船来到纽约。他从不眷恋自己的故乡，他到国王学院（哥伦比亚大学的前身）上学，建立了世界上第一个以选民为基础的政党，并开办了《纽约邮报》。他建立了国家银行和预算制度，还为那些从街上被诱拐又被卖为奴隶的非裔美国人提供法律服务。他的冲劲并非总体现在勤劳方面，他还是美国第一起政治性丑闻的主角，并在一场与美国副总统阿伦·伯尔的决斗中被杀死，年仅49岁。

萨拉·芬顿

纽约的非裔美国人
——不仅仅是"黑与白"

30秒钟游览

3秒钟速览

在其历史的大部分时间里，颇具活力的民权运动同根深蒂固的种族主义一道，存在于纽约这座充满矛盾的城市里。

3分钟扩展

即便种族隔离被认为是非法的，在民权运动时代，种族歧视仍然遍及纽约的公共学校系统。哈莱姆区、贝德福德—史岱文森区和其他非裔人占主导的街区里，学校学生超员，教育质量低下。尽管人们举行抗议活动要求种族融合，1964年2月全市40万学生抵制上学，学校的种族隔离现象在民权运动时代仍然存在，至今也是如此，只是程度稍有减轻。2015年，纽约市议会通过了《学校多元化义务法案》以遏制这一问题。

"梅森—迪克森线"代表了自由派的北方同保守派的南方之间的分界线。纽约远在该分界线以北，但在种族关系方面却有着麻烦重重的历史。最早一批非洲黑人奴隶于1625年来到新阿姆斯特丹，而奴隶制则持续了两个世纪直至1827年才在纽约被彻底废除。但当时很多纽约人继续维护奴隶制度。1863年7月，伴随着"征兵暴动"爆发，种族关系紧张。"征兵暴动"是美国内战期间针对当地非洲裔居民和废奴主义者的群众暴动。美国内战结束后，尽管白人的盲目自大仍然是可怕的障碍，但纽约还是培养了新一代的社会活动积极分子，使得"美国全国有色人种协进会"于1909年得以成立，并为从美国南方迁过来的非裔美国人提供经济方面的机会。到了20世纪20年代，出现了哈莱姆文艺复兴运动，哈莱姆社区吸引了非裔作家、艺术家和音乐家，如兰斯顿·休斯、艾拉·费兹杰拉德和佐拉·尼尔·赫斯顿，他们重塑了纽约的社会和文化状况，并吸引了全世界的目光。在美国内战后的民权时代，随着种族隔离政策在纽约的商业和学校中日益恶化，纽约的非裔美国人和他们的同盟者集合起来，反对歧视性的政策，并点燃了全国范围内的改革运动。

相关主题

抗议示威　52页
哈莱姆文艺复兴
114页

3秒钟人物传记

戴维·拉格斯
1810—1849
非裔美国人，废奴主义者，纽约警觉委员会秘书，在纽约市的"地下铁路"设置了一个"站点"，帮助接近600名逃脱的奴隶。

小亚当·克莱顿·鲍威尔
1908—1972
民权运动者，首位当选国会议员的纽约非裔美国人。

本文作者

詹妮弗·沙朗

纽约是废奴运动的中心，艺术活动的温床，还是抗议和改革的大熔炉。它在非裔美国人的历史中扮演了重要角色。

DO. CROSS

WELCOME
TO
HARLEM USA

移民
——欢迎来到纽约

30秒钟游览

3秒钟速览

纽约作为美国人口最多的城市，仍然是非法移民进入美国的门户，而自由女神像是欢迎他们的标志。

3分钟扩展

在纽约这个吵吵嚷嚷的民主城市里，公共纪念物从来都不只是从它们的设计师手中传承下来而已，还须在漫长的时间里由市民发挥想象力重新构想出来。自由女神像本是法国同闭胜利的美国联邦政府的友谊象征，但自1886年10月雕像盛大揭幕之后，在纽约这个拥有300多万外国出生居民的城市里，成为"大移民"的见证。

"让那些向往自由呼吸，感到疲惫，陷入穷困，因受冻或害怕而挤在一团的人们来我这里。"人们将诸如此类的文字，同自由女神联系在一起。自由女神又被昵称为"流亡者之母"，她高达93米（305英尺），在她高举的右手里有一只火炬，告诉那些疲惫的游客"欢迎全世界的人们来到纽约"。然而这种欢迎的热情程度却忽高忽低，因为美国作为一个移民国家，既赞美这一事实，有时候也会忘记这个事实。坐落在自由女神像的阴影中的，便是位于埃利斯岛的联邦入境中心，自1892年1月1日启用至1954年11月正式关闭，共有超过1200万移民进入美国。在1900—1914年的高峰时期，每天有超过一万名满怀希望的人，在穿过入境中心的大厅时停下来，接受检验人员的检验。检验人员可用传染病、同情无政府主义者或"品德恶劣"等一系列理由拒绝他们入境，但事实上仅有2%的人被拒绝入境。他们将仅有的黄金或货币兑换，取出放在家中已数周、数月甚至数年的行李箱，然后这些新美国人心怀未来踏上征程，有的坐船前往曼哈顿，有的则坐火车去更远的北方、南方或西部。据估计，四成美国人有一位祖先是通过埃利斯岛来到美国的。

相关主题

爱尔兰人　　34页
公共卫生　　84页

3秒钟人物传记

弗雷德里克·奥古斯特·巴托尔迪
1834 —1904
法国雕塑家，自由女神像的作者。

安妮·摩尔
1874 —1924
第一位通过埃利斯岛来到爱尔兰科克郡，与她一同乘坐蒸汽船"内华达号"到来的还有她的两个弟弟。

本文作者

萨拉·芬顿

自由女神像从未被人们认为是来自法国的"礼物"，相反其费用是分期支付的，而且一开始公众并不喜欢她，但最终人们又爱上了她。

爱尔兰人

30秒钟游览

3秒钟速览
爱尔兰人是纽约"最有权势"的族群，而纽约的爱尔兰人数量曾经甚至比都柏林的还多。

3分钟扩展
尽管爱尔兰移民刚到达时受到了粗暴的对待，但他们对于这个城市的发展还是相当关键的。他们中的男人们被黑帮役使，建造了伊利运河、中央公园和展望公园，以及地铁隧道和布鲁克林大桥；女人们则从事女佣、洗衣女工等职业，在服装业兴盛的年代，还做服装工人，在不多见的女人比男人多的少数移民族群中发挥着自己的作用。

18世纪，爱尔兰移民大量涌向美国，以躲避英国对信奉天主教的爱尔兰人进行限制的惩罚。他们沿着往纽约运送亚麻籽的路线，到达时因为太穷而无力去往更远的地方，于是大多数就在纽约定居下来。最大的爱尔兰人移民潮发生在1846—1855年，当时爱尔兰大饥荒摧毁了当地的土豆种植。由于爱尔兰和纽约使用相同的语言，长期以来建立了贸易关系，再加上连锁移民，以罗马天主教徒为主的爱尔兰公民中有两万人登上了危险的"棺材船"前往纽约。受长期贫穷、宗教迫害和歧视所累，他们从事着不需要技能的工作，所得微薄，都挤在臭名昭著的"五点"贫民窟的出租屋里。由于他们与民主党的组织"坦慕尼协会会堂"关系密切，爱尔兰人成了一股强大的政治群体，移民们在选举中对民主党提供的"食物篮子"和"法律援助"表示了感谢。坦慕尼协会会堂因敲诈勒索选民，后来成为政治腐败的同义词，他们强逼提名民主党人，操纵官员选举和影响政策的制定。现在，爱尔兰人仍在纽约警察局、消防局、卫生局、纽约市和纽约州政府、罗马天主教会和广受欢迎的圣帕特里克日游行中发挥着重要的作用。

相关主题
下东区的民族村
36页
纽约黑帮　86页

3秒钟人物传记
威廉·马西·"老板"特威德
1823—1878
美国地产大亨，民主党组织坦慕尼协会会堂的负责人，因挪用纽约纳税人数百万美元而臭名昭著。

威廉·拉塞尔·格雷斯
1832—1904
船运企业主，第一个成为纽约市长的爱尔兰裔天主教徒。

本文作者
金成

纽约有最多的爱尔兰裔美国人，超过任何其他美国城市。他们在纽约的天主教会、警察局和消防局里扮演了重要的角色。

下东区的民族村

30秒钟游览

3秒钟速览

在纽约这座移民城市中，曼哈顿的下东区长期以来都是移民到来的门户。

3分钟扩展

逃离宗教迫害和贫穷的犹太人、意大利人来到纽约，却发现他们在危险的环境中，干着收入微薄的工作，受人剥削，还不熟悉这里的文化和语言，成了"偏执"和"排外"的受害者。他们因不能从事商业，不能在政府机构工作，于是建造了与外界隔绝的小村镇，在这里他们使用自己的语言，沿用自己的风俗，且金融和文化机构一应俱全。在这类社区的成因方面，受歧视与民族和文化自尊，发挥着同样大的作用。

20世纪初，140万犹太人逃离了东欧的大屠杀，聚集在曼哈顿下东区拥挤的出租屋内，这里犯罪活动肆虐，疫病流行。很多人从事缝衣服的工作，每件衣服仅赚几美分。当他们最终可自由信仰自己的宗教、讲自己的语言时，他们就举行犹太洗礼仪式，开办犹太学校和会堂，举办犹太集市（犹太洁食）市场。到了1910年，一万名意大利人在邻近的"小意大利"定居下来。这些因"祖国统一"而变得一贫如洗的意大利人，按照家乡村庄的形式组织起来，他们在城里的纽约政府部门工作，沿着桑树街行进举行纪念死者和庆祝儿童降生的活动。1921年，移民法限制新移民的到来。那些有能力离开贫民窟的人们就搬到纽约的其他地方。后来，中国移民正式来到"小意大利"南缘的区域。由于亚洲移民的持续涌入，唐人街发展壮大，开始扩张。过去由犹太人或意大利人所有的商业变成了中餐馆和中国杂货店。现在，只有很少的犹太移民遗迹留存下来，而零星分布的意大利面餐馆和圣真纳罗节还被认为是意大利文化。然而，下东区仍然是那些希望体验纽约移民社区风情的人们喜欢游览的地方。

相关主题

移民　32页
纽约黑帮　86页

3秒钟人物传记

文森佐·赛拉罗
1868－1932
妇科学家，美国意大利兄弟会的创建者，他帮助新意大利移民在纽约定居。

李乐
1869－1942
纽约唐人街最老的商店"广源盛"的老板。

鲁斯·J.亚伯拉姆
历史学家，社会活动家，下东区廉租公寓博物馆的创建人。

本文作者

金成

下东区以激进政治闻名，其辛辣的食物也不遑多让。这里的条条街道、各种报纸和剧院长期以来助长了国与国之间的口水战。

城市治理

城市治理
词汇表

反联邦党人（Anti-federalist） 美国独立战争后，反对"联邦政府过于强势"的人。

贝德福德—史岱文森街区（Bedford-Stuyvestand） 布鲁克林区中北部的一个街区，从20世纪20年代起就是纽约仅次于哈莱姆街区的非裔美国人聚集地。它的昵称是"贝德—史岱"，拥有大量现在受人们觊觎的上流社会豪宅。在布鲁克林长大的电影演员斯派克·李的卖座电影《为所应为》（1989年）讲述了这一街区某个夏日里因种族紧张而发生的故事。

"大行情牌"（Big Board） 位于纽约曼哈顿下城区华尔街11号的纽约证券交易所的昵称。

征兵（The draft） 指美国于内战、第一次世界大战、第二次世界大战、越南战争期间武装部队的强制征兵活动。

狄兰·托马斯（Dylan Thomas） 威尔士诗人，身处美国参加读诗之旅时，住在位于格林尼治村的切尔西旅馆。由于长期酗酒生病，于1953年11月9日在圣文森医院去世。他的诗《不要温顺地走进那个良宵》发表于《乡村之寐和其他诗歌》（1952年）中。

《解放黑人奴隶宣言》（Emancipation Proclamation） 林肯总统于1863年1月1日发布的行政命令及公告，宣布美国南部特定地区300多万奴隶成为自由之身。该宣言使废奴成为美国内战的明确目的，内战的敌对双方是北方联邦和南方联盟。

《国土安全法》（Homeland Security Act） 2002年美国为应对911恐怖袭击而颁布的法律。该法创设了一个新的部门和新的部长职位，即国土安全部和国土安全部长。

纳斯达克证券交易所（NASDAQ） 位于纽约曼哈顿百老汇大街165号自由广场1号的证券交易所，是世界上仅次于纽约证券交易所的第二大证券交易所，其缩写"纳斯达克"（NASDAQ）的意思是"美国全国证券交易商协会自动报价表（系统）"，成立于1971年。

"山姆之子"（Son of Sam） 连环杀人犯，真名为大卫·柏克威兹，1976—1977

年，他杀害了六个人，并致七人受伤，主要用一把点44口径的"斗牛犬"左轮手枪。1977年8月，他被纽约警察局抓获并认罪，每一起谋杀被判25年监禁至死刑不等。

印花税法案（Stamp Act） 1765年英国为增加税收而引起争议的法律。该法要求北美英国殖民地的法律文件和报纸等印刷文件上须粘贴标有应税金额的印花税票。

海龟湾街区（Turtle Bay） 位于中曼哈顿东缘、莱克星顿大街以东的街区，是克莱斯勒大厦和联合国总部所在地。海龟湾的都铎城市公寓，建于1927—1932年，位于著名的"柯克伦之巢"所在地，这里曾是爱尔兰人聚居的破败小镇，以暴力犯罪和黑帮活动著称。街区内还有海龟湾花园，这是一处经重新开发拥有高档住宅和社区花园的区域，很多名人在此处安家，包括凯瑟琳·赫本、史蒂芬·桑德海姆和利奥波德·斯托科夫斯基。儿童作家E.B.怀特在这里写就了《夏洛的网》。

华尔街股灾（Wall Street Crash） 纽约证券交易所发生的股灾，开始于1929年10月24日，于10月29日周二跌幅达到最大，损失了140亿美元的市值。股灾标志着大萧条的开始，大萧条一直持续到20世纪30年代末。

反恐战争（War on Terror） 2001年起由美国领导的世界性的针对恐怖组织、庇护或支持它们的国家的军事行动。911恐怖袭击发生后，乔治·W.布什总统首次于2001年9月20日使用了这个词。

世贸中心（World Trade Center） 位于曼哈顿下城区域七座大楼组成的建筑群1973年投入使用，是一项城市改造项目的一部分。其"双子楼"，即世贸中心一号楼和二号楼，或称为世贸中心北楼和南楼，在当时是世界上最高的建筑物，高度分别为417米（1368英尺）和415米（1362英尺）。在911恐怖袭击时，飞机撞进两座大楼，都发生了坍塌。新的世贸中心大楼，高度仍为417米（1368英尺），靠近世贸中心纪念碑而建，于2013年投入使用。

世界城市

30秒钟游览

3秒钟速览

一座世界城市并非只靠发展经济，纽约还有著名的文化机构、大型的媒体机构、便捷的交通网络以及让人称奇的多元化人口。

3分钟扩展

联合国作为一个国际性组织，自第二次世界大战结束以来，其成员国一直致力于促进世界和平和经济发展。把总部设在一个讲800种语言的城市里，似乎再合适不过了。联合国总部园区，包括宏伟的秘书处大楼和联合国大会会议厅，位于曼哈顿的海龟湾，紧邻东河，属于国际领土，不受美国法律的约束。

荷兰东印度公司最早发行股票和债券。该公司还是亨利·哈德逊爵士的赞助人，后者于1609年乘船进入现在的纽约地界，目的是寻找更快通往中国的路线。然后，他遇到的是一个"新"世界，这里自然资源丰富。随着荷兰定居者的到来，跨大西洋传播的疾病也来了，这片富饶的土地也变成了可供买卖的商品。到了1613年，荷兰人在曼哈顿的西缘建立了一个贸易点，它附近的土地，在将来的某一天会见证世贸中心的兴衰。天然良港促进了国际船运的发展，而高高耸立的贸易和移民"屏障"在18和19世纪逐渐消失了。纽约自第二次世界大战以来就是世界金融中心，现在是世界上最大的中央商务区和前两大证券交易所（纽约证券交易所和纳斯达克证券交易所）的所在地。当然，全球化也有其代价，比如2008年的金融危机让大洋彼岸的市场也产生了剧烈的动荡。四个世纪多前，亨利·哈德逊在这片海域航行，为的是便利荷兰与中国的贸易；而他遇到的这座城市，现在则将中国视为美国贸易的首要增长市场，也是除中国之外拥有中国人数量最多的城市之一。

相关主题

移民 32页
纽交所和美交所：发展和股灾 44页

3秒钟人物传记

萨斯基亚·萨森
荷兰裔美国人，哥伦比亚大学社会学教授，她发明了"世界城市"这个词。

蒂莫西·盖特纳
纽约出生的银行家，全球金融危机后于2009—2013年任美国财长。

本文作者

萨拉·芬顿

作为全球市场最重要的节点，伦敦和纽约与全球经济的融合程度非常高。

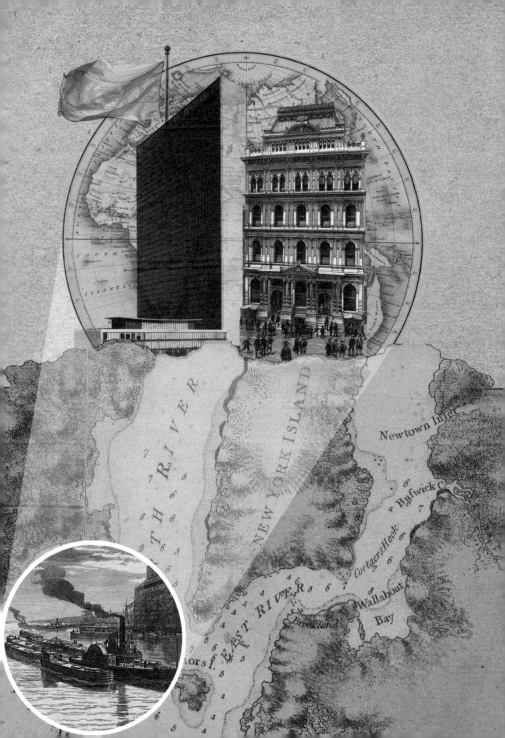

纽交所和美交所：发展和股灾

30秒钟游览

3秒钟速览
从18世纪晚期以来，纽约的各个证券交易所就是美国资本主义的核心。

3分钟扩展
在联邦储备体系出现之前，金融危机是美国生活的常见特征。1907年的金融恐慌始于一群投资者人为控制联合铜业公司的股票。这次恐慌让纽交所的股票下跌了50%，并蔓延到纽约以及美国之外的银行和信托公司身上，后者遭到了挤兑。在J.P.摩根本人干预之后，危机才得以避免。

1792年5月17日，一群股票经纪人在华尔街的一棵梧桐树下会面，制定了交易安排和交易佣金，并据此达成协议，至此纽约证券交易所（纽交所）应运而生。没有资金在纽交所交易的经纪人们，则在马路边同他们的客户见面，交易成立时间较晚、而风险更大的股票。这些经纪人也组织起来，制定了交易规则，并于1953年成立了美国证券交易所（美交所）。纽约的证券交易长期以来都是美国资本主义的核心，它们的发展从整体上反映了美国经济的发展。这些股票交易所提供了融资的手段，这些资金为遍及北美大陆的美国工业扩张提供了资金。交易所还助长了若干次高强度的投机，在整个19世纪和20世纪早期，它们引发了一次又一次的恐慌、股灾和经济萧条。但它们只是引发大萧条的1929年华尔街股灾的序曲。纽交所作为华尔街之锚的象征性力量由来已久。1920年一颗炸弹在华尔街被引爆，爆炸的地点位于华尔街和布罗德街的交叉路口，就斜对着纽交所。

相关主题
世界城市　42页

3秒钟人物传记
J.P.摩根
1837—1913
高级金融从业者，他拥有的金融公司为伊利运河、纽约中央铁路、通用电气、美国电话电报公司和美国钢铁公司提供了再融资和重组服务。

本文作者
安德鲁·克里扎克

无论你喜欢还是讨厌它，华尔街都是美国金融市场的缩影，还是纽约这座特殊城市的象征。

历任市长

30秒钟游览

3秒钟速览

某位纽约市长这样描述自己的角色，"如果中央公园的一只麻雀死于心脏病，人们也会认为是我的责任"。

3分钟扩展

很多纽约市长都拥有丰富多彩的特征。比如，菲奥雷洛·拉·瓜迪亚在报纸业罢工期间通过广播阅读四格漫画；爱德华·I.科克则在运输业罢工期间向走过布鲁克林大桥的人们欢呼；鲁道夫·朱利安尼因为在911恐怖袭击中的应对而成为国际英雄，并获得英国皇室勋章；迈克尔·布隆伯格则是纽约市最富有的人。

纽约市长是这个城市的行政长官。到目前为止所有纽约市长都是男性。他管辖着美国最大的市政府，他是30万名政府雇员的负责人，掌管着美国规模最大的警察局（共有34500名警员）和最大的学校系统（共有100万名学生）。他还掌管着金额为790亿美元的预算，并通过城市规划部门及由他任命的城市规划委员会的负责人来掌管城市土地使用的决策。他还控制着60个政府机构，几乎影响着纽约城市生活的方方面面，包括建筑规范和路面维修、环境安全和公共卫生、市政府拨款的文化活动及公园、经济发展项目，以及社会福利服务的管理。符合条件的市民参加全市范围的选举来选出市长，每个任期为四年。尽管在册的民主党员在纽约市占大多数，在过去82年中的43年里，选民们还是选择了来自其他党派的市长。市长还是纽约市礼仪上的领导人，是继美国总统之后，美国国内和国际上最著名的民选官员。按照美国的标准，纽约市长通常权力很大，他与相对弱势的市议会分享权力。

相关主题

纽约市警察局　48页
城市规划　72页

3秒钟人物传记

小罗伯特·F.瓦格纳
1910—1991
仅有的四位曾三任纽约市长的人中的一位，1954—1965年在任。

戴维·丁金斯
到目前为止纽约唯一一位非洲裔市长。

比尔·德·白思豪
纽约市第109任市长，任期始于2014年1月1日。

本文作者

克里斯·麦克尼克

纽约市政厅建于1812年，是美国历史最悠久的市政厅，现在仍然保留其最初的政府功能，包括市长办公室。

纽约市警察局

30秒钟游览

在1977年酷热的夏季，纽约的连环杀人犯"山姆之子"谋杀了六个人，在逃脱追捕的同时，还嘲弄了警方，"蜚声世界"。这一年的7月，又发生了全市大停电，使得纵火和抢劫频发。1988年2月26日，纽约市警察局警官爱德华·伯恩在皇后区一条街道的拐角处被毒贩枪杀，这一年共有1896起杀人案。每一起杀人案都代表了数十年来纽约的无政府状态，而这个时候所有的街区都感觉到如同因房屋被炸毁而无家可归的悲凉，人们仿佛来到了毒贩和抢劫犯横行而没人管的地方，这里还有废弃的建筑物，外表污损不堪。但纽约现在却是美国最安全的大城市，2014年仅有328起杀人案，数量创新低。是什么改变了这一切呢？这取决于谁来解决问题。1994年，新上任的市长鲁迪·朱利安尼任命警察局长比尔·布拉顿执行"拦截盘查"政策和"破窗理论"。这些警务执法方法的基础是可通过打击犯罪来规避严重犯罪的理论，而公害犯罪可包括跳过闸机逃票、行乞、公众场合醉酒和持有毒品。但这些方法针对了少数族裔，如每15个非裔美国人中就有一个蹲过监狱，而每106个白人中仅有一个被监禁，同时还导致大规模监禁现象发生。

3秒钟人物传记

托马斯·F.伯恩斯
1842—1910
出生于爱尔兰的纽约警察局队长，他对嫌疑人的严厉审问让"三度审讯（高强度审讯）"广为人知。

弗兰克·塞皮克
布鲁克林出生的意大利裔美国人，是纽约市警察局的警官，作为"吹哨人"，他促使市长约翰·林德赛于1970年成立了科纳普委员会以调查警察腐败。

本文作者

萨拉·芬顿

1845年，领工资的职业警察队伍在纽约市历史上首次取代了民兵。

POLICE LINE - DO NOT CROSS
NYPD

E LINE - DO NOT CROSS
NYPD

DETECTIVE

919

1924年11月30日
在布鲁克林区出生，母亲是巴巴多斯人，父亲是圭亚那人

1959—1964年
在纽约市儿童福利局的日间看护部任教育顾问

1964年
作为民主党人，以布什维克和贝德福德—史岱文森街区代表的身份，被选为纽约州议会议员

1968年
成为美国国会众议院第一位非裔美国人女性众议员

1970年
出版自传《不被收买也不会臣服》

1972年
作为第一位非裔美国人和第一位女性寻求主要政党的总统候选人提名，她表示"我是人民的候选人"

1973年
出版《傲骨之战》

1982年
担任七届众议员后，离开华盛顿特区

1983—1987年
在马萨诸塞州南哈德利曼荷莲女子学院任教

2005年1月1日
在佛罗里达州奥蒙德海滩去世

2015年
被追授总统自由奖章

人物介绍：雪莉·奇泽姆

SHIRLEY CHISHOLM

通常美国国会众议院专门委员会的委任是按照资历进行的，新众议员需要恭敬地完成分配给其的任何工作。但到了雪莉·奇泽姆这里就不是这么一回事了。奇泽姆于1968年当选为纽约州第12国会选区的联邦众议员，被委任至众议院的农业委员会，当时该选区是人口稠密的贝德福德—史岱文森区，但一个农场都没有。奇泽姆愤怒了，她认为她所在党派的元老们做出这样的任命，要么是对她有敌意，要么就是对她所在的选区漠不关心。但奇泽姆用决定她一生服务国家的方式，将自己的愤怒转化为为她宣誓所代表的那些人奋斗。她利用农业委员会将富余的食物提供给挨饿的纽约人，扩大"食物券"项目，协助创建了针对妇女、婴儿和孩子的特别补充营养计划。奇泽姆非常简洁地总结了自己的为政哲学，"服务就是为你在地球上的立足空间支付的租金"。

这不是奇泽姆的第一次奋斗之举。"我妈妈常常说，当我只有三岁的时候，我曾经让那些6、7岁的孩子们聚拢来，用拳头击打他们，并说道，'听我的'"。她出生在布鲁克林，父母是移民，童年有一段时间是在巴巴多斯同祖母一起度过的。1934年，她返回纽约，后来成为布鲁克林学院的辩论冠军。她喜欢奋勇战斗，也渴望为正义而奋斗，于是为孩子们的利益而奋斗就成了她的愿望。奇泽姆一边在哥伦比亚大学攻读小学教育的硕士学位，一边在布鲁克林和曼哈顿下城区的幼儿园里当老师，这使她广泛被人认为是早期教育和儿童福利领域的权威。

到了20世纪60年代，奇泽姆钟爱的贝德福德—史岱文森街区的孩子们处于挣扎的境地，婴儿死亡率是纽约市平均水平的两倍，而高中的辍学率接近70%。但1960年的人口普查将该街区分成了五个区域，每个区域均有一个白人代表，这些代表对该街区的真实需求所知甚少。1964年的《民权法案》要求对街区进行重新划分，四年后奇泽姆成为第一位女性非裔美国人国会议员，她简简单单地解释道，"人民需要我"。1972年，奇泽姆成为真正参与总统竞选的第一位非裔美国人和第一位妇女，获得了151名党内代表的支持，并为21世纪多元化的总统参选人奠定了基础。

抗议示威

30秒钟游览

纽约人通常不会躲避斗争，尤其是在公共场合举行的声势浩大的斗争。1765年，民众举着选举出来的官员的肖像在曼哈顿游行，以抗议《印花税法案》。他们高喊着"没有选举权就不交印花税！"美国在独立战争中的胜利并没有给纽约的街道带来和平，比如1788年反联邦党人托马斯·格林利福的印刷店被刚提出的美国宪法草案的支持者夷为平地。而就在林肯总统发布《解放黑人奴隶宣言》几个月之后，1863年7月13日至17日，发生了美国历史上最血腥的暴乱，整个曼哈顿饱经摧残。起初是反对第一部联邦征兵法的行动，后来演变成为主要由爱尔兰劳工组成的人群对纽约非裔美国人的袭击。20世纪早期的抗议活动大多源于劳工动乱。罢工的人们要求结束每周工作60小时的制度，改善危险的工作环境。后者曾导致三角衬衫厂大火惨剧，造成146名工人丧生。同一百年前如出一辙的是，人们对征兵的愤怒又导致20世纪60年代的抗议活动。1968年，反对越南战争的哥伦比亚大学的学生们在其春季课程被取消时欢呼雀跃，抗议人群群情激奋，占领了校园的各个大楼。

本文作者
萨拉·芬顿

"所有的政治都是土生土长的"。与此观点相映衬的，是很多纽约的抗议运动都是在纽约发展起来的。其他的运动，如妇女要求投票权的运动，则是国际性的。

911恐怖袭击

30秒钟游览

3秒钟速览

911恐怖袭击造成接近3000人丧生，6000人受伤。它被认为是美国历史上最具破坏性的恐怖袭击。

3分钟扩展

双子塔是世贸中心七座建筑中的两座。世贸中心里有来自28个国家的430家公司办公。恐怖袭击后，世贸中心进行了重建，拥有一个白橡木小树林、一座纪念博物馆，而在双子塔的遗址，有两个水塘，这是美国最大的人工瀑布。而水塘的栏杆上，则刻着遇难者的名字，其中有343位遇难者是纽约的消防队员。

2001年9月11日上午8点45分，一架波音767飞机划破纽约上空无云的蓝天，撞向世贸中心北楼并爆炸。一开始人们认为这只是一场反常的事故，但18分钟后第二架飞机撞断了南楼，人们就不这么认为了。一个半小时内，两座高达110层的摩天大楼倒塌了，大楼的残骸不断掉下，周围的建筑物被点燃，震惊的纽约人被厚重的灰尘包围，跌跌撞撞地走到街道上。世贸大厦双子塔被撞倒塌，是四起相互关联的恐怖袭击的一部分。在这次恐怖袭击中，与极端组织"基地组织"有关的19名武装分子劫持了商业航班，并让飞机撞向美国地标性的建筑物实施自杀式袭击，以报复美国参与中东事务。第三架飞机击中了位于弗吉尼亚州阿灵顿的国防部五角大楼。第四架飞机朝华盛顿飞行，在宾夕法尼亚州尚克斯维尔附近迫降。911恐怖袭击的影响深远，华尔街交易停止，民用空域和交通关闭，曼哈顿下城区一百多万上班族和居民被要求撤离。2011年5月，"基地组织"领导人奥萨马·本·拉登在逃离追捕近十年后被美军的特种部队击毙。

相关主题

纽交所和美交所：发展和股灾　44页
纽约市警察局　48页

3秒钟人物传记

鲁道夫·威廉·路易斯·"鲁迪"·朱利安尼
911恐怖袭击时的纽约市长，受到广泛好评，为他赢得了"美国市长"的名号。

西里尔·理查德·"里克"·瑞斯克拉
1939—2001
世贸中心里摩根士丹利公司的安全主管，人们认为他挽救了2600多人的生命，自己则在救援中牺牲。

本文作者

金成

911恐怖袭击的影响至今尚在，它仍存在于纽约市民之间的纽带中、世界范围的残杀中，以及在对袭击第一时间做出反应的勇者们持续不断的抗争中。

变化

变化
词汇表

学院派建筑（Beaux Arts） 新经典建筑风格，起源于法国，1880—1920年在纽约甚至全美国非常盛行。

布鲁克林道奇队（Brooklyn Dodgers） 棒球队，1883年成立时名叫"布鲁克林灰人"。为纪念本地人在街上穿行不会被超速的有轨电车撞到的本事，1895年被人们昵称为"布鲁克林电车道奇队"，很快又简称为"道奇队"。该球队曾在布鲁克林的三处球场比赛，后来于1913将球场定在福莱特布什的埃贝茨球场。他们的主要对手为纽约巨人队。两队于1957年都搬到加州，道奇队去了洛杉矶，巨人队去了旧金山，但互相仍是主要对手。

克莱斯勒大厦（Chrysler Building） 曼哈顿市中心的地标建筑物，是高度为319米（1046英尺）的摩天大楼，由布鲁克林的建筑师威廉·凡·阿伦设计。克莱斯勒大厦于1930年启用，它位于第42街和莱克星顿大街交汇处，是装饰派艺术的杰出作品。大厦31层的四个角有模仿1929年出品的克莱斯勒汽车的散热器帽盖的装饰，楼顶有7层拱形叠起来形成的皇冠。

横穿布朗克斯快速路（Cross Bronx Expressway） 在城市规划师罗伯特·摩西主导下修建的快速路。人们批评这条快速路的建成加剧了布朗克斯南部社区的衰落。另外与之相关的问题使得其他城市快速路项目被人们直接反对。

帝国大厦（Empire State Building） 纽约地标之一。这座装饰艺术风格的建筑有102层，高度为443米（1454英尺），位于第五大道，于1931年完工，在1970年世贸中心北塔建成之前是世界上最高的建筑。由建筑师施里夫、兰姆和哈蒙设计。

纽约中央火车站（Grand Central Terminal） 位于曼哈顿中心区的地标式火车站，建于1903—1913年，取代所在位置原有的火车站。两家建筑师事务所合作完成了设计，它们分别是来自明尼苏达州圣保罗的里德和斯特恩建筑师事务所，它完成了火车站的总体设计；另一家是纽约沃伦和维特莫尔建筑师事务所，负责建筑细节尤其是精美的学院派细部建筑设计，曾设计纽约游艇俱乐部。

"我有一座桥要卖给你"（'I have a bridge to sell you'） 与一位名叫乔

治·C.帕克尔（1870—1936）的美国骗子相关的俗语。他企图将公共建筑物卖给易上当受骗的人而臭名昭著。这些建筑物包括布鲁克林大桥，它被卖了不止一次。他宣称有能力出售具有潜在获利价值的大桥通行控制权。他曾试图卖掉的建筑还包括自由女神像和位于晨边高地的格兰特将军墓。1928年，他第三次欺诈罪名成立，被判处终身监禁。

林肯中心（Lincoln Center）　位于曼哈顿林肯广场街区的表演艺术中心，建于1955—1969年。其第一个演出大厅是爱乐乐团大厅，于1962年投入使用。而纽约城市芭蕾舞团、纽约爱乐乐团和大都会歌剧团都在这里演出。

One57大楼（One57）　被戏称为"亿万富翁的大楼"，是曼哈顿另外一座超高摩天大楼，其高度为306米（1004英尺），位于曼哈顿市中心西57街147号。由拥有210间客房的柏悦酒店和92套公寓房组成。

宾夕法尼亚火车站（Pennsylvania Station）　位于曼哈顿市中心的火车站，俗称宾州车站。最早的建筑建于1901—1910年，装饰华丽，但于1963年被拆除，以建造新的火车站。火车站为地下结构，在麦迪逊广场花园下方，位于第七大道和第八大道之间。

进步时代（Progressive Era）　19世纪90年代到20世纪20年代的政治改革和社会变革时期。

包厘街（The Bowery）　下曼哈顿地区的街道和街区。名字来源于荷兰语"bouwerj（农场）"一词，因为这片区域位于曼哈顿岛南部，过去曾是农业用地。包厘街起于唐人街的查塔姆广场，止于库珀广场。

曼哈顿西高架路（West Side Elevated Highway）　曼哈顿的高架路，沿着哈德逊河，建于1929—1951年。西高架路状况很快变坏，在第14街处发生坍塌造成汽车和卡车坠落的事故后，于1973年被关闭。

伍尔沃斯大楼（Woolworth Building）　纽约早期新哥特风格的摩天大楼，位于曼哈顿百老汇街233号，由卡斯·吉尔伯特设计，于1913年投入使用。大楼高度为241.4米（792英尺），是1913—1930年世界上最高的建筑。

水道

30秒钟游览

纽约是一个港口城市。在19世纪中叶时，美国75%的关税收入都来自纽约港，而纽约港和新泽西港仍然是美国东海岸最繁忙的港口。所有这些成就的原因，是纽约令人艳羡的地理位置，它是世界上最大的天然良港之一，位于一系列复杂潮汐河口的会聚之地，港内的海水几乎从不结冰，于是数百年来为全年海上贸易提供了场所。1825年，伊利运河开通，提供了从五大湖区经纽约港到大西洋的唯一一条全水路通道，纽约于是立刻成为美国最重要的商业中心。纽约的水道不光包括港口本身，还包括哈德逊河和东河两大河口。两大河口长期都被作为商业航运路线，也是往返于港口渡船的交通要道，从1642年荷兰人开始有组织地横渡河流以来，这些渡船就一直往来于港口。

相关主题

桥隧　68页

3秒钟人物传记

亨利·哈德逊
1611年去世
英国探险家，受雇于荷兰东印度公司，寻找前往中国的贸易通道，但发现了后来以他的名字命名的哈德逊河。

德威特·克林顿
1769—1828
美国政治家，作为纽约州州长，倡议建造伊利运河，这条运河将纽约港打造成为美国最繁忙的港口。

本文作者

安德鲁·克里扎克

每天有10亿加仑的水通过位于纽约州韦斯切斯特的净化厂。该厂是世界上最大的水净化厂之一，为纽约人提供清洁的饮用水。

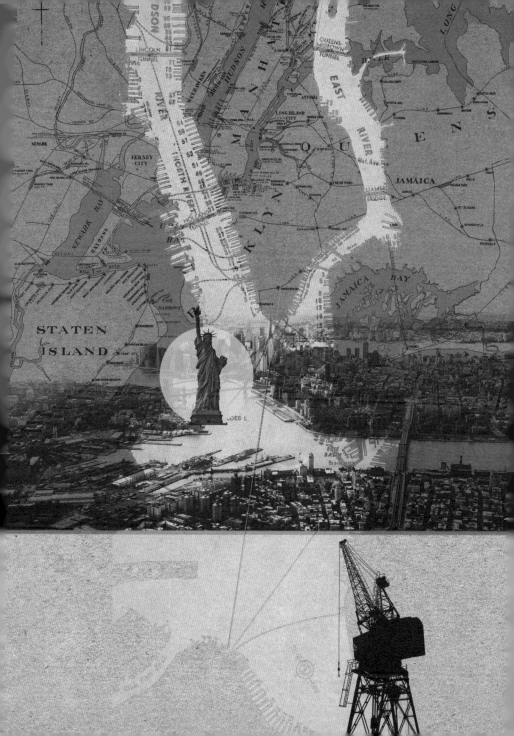

路网

30秒钟游览

3秒钟速览
纽约著名的路网是1811年开始设计的，而那时候纽约城仍然局限在曼哈顿岛的南端。

3分钟扩展
规划委员会的人们是不可能预计到路网给人们带来的乐趣的。每年两次（通常在5月28日和7月12日），夕阳精确地与曼哈顿以数字为序的街道体系的东西轴线对齐。太阳在海平面落下的景象以这座城市市区的"峡谷"为背景，而大量高楼的幕墙又反射和折射了穿过城市的光线。这种效果被称为"曼哈顿的夏至日"或"曼哈顿悬日"。

1811年，纽约州议会通过关于曼哈顿路网的法律，而路网是曼哈顿最典型的特征。城市规划委员会的规划师们决定，整个曼哈顿岛位于第14街和华盛顿高地之间的部分以大道和小街的模式来进行布局，从此决定了这座城市的模样。这个规划不仅是为曼哈顿的有序布局而设计的，也是为了土地的高效投资和销售，这是早些时候纽约对其未来有无限信心的表现。考虑到"直线和直角为特征的房屋"是最容易建造和居住的，规划委员会的城市规划就在纽约不同的地形上强加了方格网络，而没有提供一种多样化的方案。但自荷兰人起就是曼哈顿主干道的百老汇，沿用了一条古老的北美土著道路，于是被并入这个方案中时，在第78街以南的部分是斜穿其他街道的。当时只有数量很少的小型绿地广场，最初的规划并未过多考虑公园用地，19世纪50年代建造的中央公园，提供了室外空间，这些是规划者们一开始并未设想到的。

相关主题
公园　70页
城市规划　72页

3秒钟人物传记
约翰·雅各布·阿斯特
1763—1848
德国裔美国商业大亨，他在北美皮毛生意中挣了钱，于是在19世纪30年代将所有钱都拿来投资纽约的土地和房地产。在生命的晚期，据报道，他在晚年曾经说过，"如果我可以再活一次，我会买下曼哈顿的每一寸土地。"

本文作者
安德鲁·克里扎克

仔细观察，你会发现那些未包含在路网中的街区，尤其是格林尼治村，它们19世纪的居民们成功地保住了这里殖民地时期弯弯曲曲的街巷。

铁路

30秒钟游览

3秒钟速览

从19世纪以来，前往曼哈顿和周围街镇最快捷的方式就是坐火车。

3分钟扩展

如果《纽约，纽约》这首出自1944年音乐剧《锦城春色》的著名歌曲有任何所指的话，那么就是地铁的确塑造了纽约这座城市。纽约的铁路交通网络里，不仅有地铁，还包括连接纽约和郊区、纽约州北部和东海岸大城市的客运铁路线。

1832年，沿着包厘街的纽约—哈莱姆铁路开通，乘客们便坐上了美国最早的有轨电车。20年后，有轨电车线路被向北延长了200千米（125英里），科尼利尔斯·范德比尔特还将它同纽约中央铁路和哈德逊河铁路连接起来，将乘客和货物运到城里。1913年，范德比尔特家族开通了纽约中央火车站。而三年之前，该火车站的竞争对手宾夕法尼亚铁路公司开发的宾夕法尼亚火车站开通了。该火车站于1963年被拆除，为纽约的历史保护运动注入了动能。纽约最早的地铁于1904年开通，缓解了曼哈顿地区地面交通过于拥挤的状况。到了21世纪，纽约地铁系统总里程超过1050千米（650英里），将五个区中的四个区连接起来，并每天24小时运行。但纽约的高架铁路退出了历史舞台，它在第一条地铁出现前服务了25年。纽约的有轨电车也退出了历史舞台，电车服务始于1832年，还是布鲁克林道奇队名称的由来。除了地铁之外，现在纽约的乘客使用的铁路还包括地铁—曼哈顿北部铁路通勤线、美国港务局跨哈德逊铁路、新泽西州捷运铁路、斯塔腾岛铁路、美国国家铁路客运公司铁路和长岛铁路，后者是仍以最初的名字和执照进行运行的美国最古老的铁路。

相关主题

道路堵塞　66页
桥隧　68页
城市规划　72页

3秒钟人物传记

科尼利尔斯·范德比尔特
1794—1877
美国的代表性人物，1863年获得了纽约—哈莱姆铁路的控制权，1871年建成了最初的纽约中央火车站。去世时他留下了价值一亿美元的遗产。

本文作者

安德鲁·克里扎克

纽约地铁是世界上规模最大的捷运系统之一，让所有纽约人可以前往纽约的五个区。

道路堵塞

30秒钟游览

3秒钟速览
喜剧演员约翰·卡尔森曾说"纽约的一分钟"就是红绿灯刚刚变绿和你后面的车在拼命按喇叭之间的时间。

3分钟扩展
与其他美国城市相比，纽约没有汽车的家庭数量是最高的。纽约为此感到自豪，但在20世纪早期和中期，纽约修建快速路的时候，还是将拥有汽车的家庭数量视为衡量城市发展水平的一个标准。很多快速路是备受争议的城市规划师罗伯特·摩西的遗产的一部分。1934—1968年，摩西的快速路项目（包括横穿布朗克斯的快速路、曼哈顿西高架路等），常常"打扰"甚至摧毁了整个街区，增加了居民对汽车的依赖程度。

乱穿马路、穿高跟鞋昂首阔步、走得飞快，这在纽约都是日常节奏。在纽约，所有人都是急匆匆的，最简单的方式就是既不开车也不坐昂贵的出租车，而是用脚走路。但是，根据出租车和轿车委员会的统计数据，纽约标志性的黄色出租车每年要跑1.75亿趟活儿，运送2.36亿人次的乘客，除此之外在郊区和曼哈顿上城区还有大量苹果绿色的出租车。随着新型汽车服务的出现，交通量又出现了大幅度的增长。2011—2015年，纽约可供租赁车辆的数量增加了六成。货运卡车司机的日常工作让人苦不堪言，通勤族每天还要跨过桥梁和隧道，他们开车来到商业区，这里停车位和装货泊位数量不足，造成了几乎是长期性的交通拥堵。为减少车流量，纽约市正在考虑对长期以来司机可免费通行的部分东河桥梁征收交通费，并在高峰时期限制货运卡车的通行。与此同时，前市长迈克尔·布隆伯格在任期间，纽约实施了道路改造，其中一部分便是将面积为10.5公顷（26英亩）的汽车道变成步行区，并引入城市共享单车项目，让那些喜欢骑车的通勤族们可以骑车上班。

相关主题
桥隧　68页
城市规划　72页

3秒钟人物传记
罗伯特·摩西
1888—1981
纽约城市规划师，他的多项提议中包括纽约的快速路网络。

珍妮特·萨迪克-卡恩
1960—
2007—2013年任纽约交通委员会负责人，重塑了城市的现代交通生活，增加了步行区、公交专用道和自行车专用道。

本文作者
詹尼佛·沙朗

最后一辆标志性的黄色棋盘花纹出租车于1999年退役，它已经服役超过20年，里程表显示已行驶了近160万公里（100万英里）。

桥隧

30秒钟游览

3秒钟速览

纽约拥有众多的岛屿，通过桥梁和隧道网络将各自及大陆连接起来。

3分钟扩展

"我有一座桥要卖给你。"这句经典的纽约段子，提到了纽约最具代表性的桥，这不是巧合。布鲁克林大桥在纽约的大桥中几乎是独一无二的，因为它供行人渡过东河之用。步行通过大桥使人感觉同大桥亲密接触，并能看到曼哈顿下城区和纽约港无与伦比的景致。而在911恐怖袭击的那一天，它还是成千上万布鲁克林人的回家之路。

提到使用"大桥和隧道"的人们，或许是将纽约郊区居民和"正宗"纽约人区分开的一种简单方式，但纽约著名的大桥和隧道已经提供了一种关键的连接，将五个区结合成一个交通便利的现代纽约。这些桥隧中最著名的当属布鲁克林大桥，它于1883年开通，是一座真正的"大桥"，还是世界奇迹之一。1866—1867年的冬天，东河结冰，使得纽约和布鲁克林这两座当时互相没有隶属关系的城市之间重要的轮渡服务停止了，从而推动了布鲁克林大桥的修建。在悬索桥上使用钢材是革命性的，为大桥提供了前所未有的强度和耐久性。建成之后的20年里，这座大桥一直是水面上唯一的一座桥，后来东河上又出现了其他的桥，每一座桥本身都是一座丰碑。这些桥包括威廉斯堡大桥（1903年建成）、曼哈顿大桥（1909年建成）和皇后大桥（1909年建成）。1927年，"荷兰隧道"也加入了纽约桥隧的行列，它是哈德逊河下方第一条通行汽车的隧道，长度为2608米（8557英尺），在工程上是一项杰作。隧道的通风系统是革命性的，成为其他水下隧道通风的样板，比如它位于市郊的邻居"林肯隧道"，该隧道于1937年开通。

相关主题

水道　60页

3秒钟人物传记

艾米莉·沃伦·罗布林
1843—1903
出生在纽约州的冷泉镇。布鲁克林大桥总工程师华盛顿·罗布林的妻子，在丈夫卧床不起后，她主持完成了大桥的建造。

本文作者

安德鲁·克里扎克

根据纽约运输局的数据，布鲁克林大桥每天有12万辆车辆、4000名行人和3100名骑行者通过。

FULL SIZED SECTION
HUDSON RIVER VEHICULAR TUNNEL
DIAMETER - 29 FT - 6 in.

公园

30秒钟游览

纽约市有超过1900个公园，大小和名气各异，从中央公园到小型口袋式公园，再到散布在五个区的大型自然保护公园。鲍灵格林绿地公园是纽约最古老的公园，从1733年留出用地以来，就一直"为城里的居民们带来欢乐"。但除了它之外，纽约市在接下来的125年间就基本上没建什么公园了。纽约城市规划委员会1811年的城市规划在曼哈顿严格的格状街道网络中几乎没有为公园留出位置。随着城市向北扩展，在曼哈顿西侧圣三一教堂里设置了作为农田开发的圣约翰公园，而在东侧则有塞缪尔·拉格尔斯开发的格拉梅西公园。但两个公园都是私人娱乐场，只对"花钱买了钥匙"的人士开放。上述公园同其他数量很少的小型公园一道，就是纽约这座人口稠密的城市里仅有的公共空间了。布鲁克林的展望公园于1867年开园。当中央公园刚建成时，虽然其景致或规模都稍逊一筹，但在很多方面却比纽约其他的公园更让人放松和平和。

3秒钟人物传记

弗里德里德里克·劳·奥姆斯泰德
1822—1903
同卡尔弗特·沃克斯一起设计了中央公园和展望公园。

安妮·哈钦森
1591—1643
英格兰出生的清教徒，因同马萨诸塞湾的殖民者领导层争吵被驱逐，后在新尼德兰省寻求庇护。

本文作者

安德鲁·克里扎克

中央公园优美的青翠草地、湖泊水库和耸立的山石，同纽约高耸入云的摩天大楼和人山人海的地铁一样，都是这座城市的象征。

OLD RESERVOIR

NEW
RESERVOIR

城市规划

30秒钟游览

3秒钟速览

纽约既有吸引人的天际线，也有曾经存在的贫民窟，这可以被看成资本主义不受拘束的象征。但城市规划已经戏剧性地重塑这座城市。

3分钟扩展

城市规划从本质上说，是根据市场决定城市空间的方式从而解决问题的一种努力。问题一开始是交通堵塞。第二次世界大战后中产阶级和工业辙离后，城市规划就演进为促进现代化，包括高速公路及金融服务业、艺术行业和其他服务业的就业问题。现在，城市规划应对新的问题挑战，例如为气候变化做好准备，解决平价住房的短缺等。

纽约城市规划的出现，是"进步时代"应对市场主导的发展中出现的问题的一种回应方式，其关注的焦点是减少拥挤的贫民窟和密集的商业区。1916年纽约有了第一部规划法，该法限制高层建筑和公寓楼的高度和体积，以便让更多的阳光能够到达"混凝土峡谷"的底部。1929年，一部由民间团体编制、旨在优先发展新基础设施的综合区域规划出台了。由于联邦层面一项新的城市改造项目在1949年出台，城市规划在第二次世界大战后获得了新的发展动力。该项目在纽约的作用比在任何其他城市都要大。在罗伯特·摩西的指导下，纽约用现代主义艺术风格"公园里的高楼"式的公共住房和中产阶级住宅楼、医院、大学和艺术场馆，取代了廉租房社区。城市规划受到那些搬迁户的批评，也受到早期的城市改造者的批评，后者包括简·雅各布斯，她认为老旧的房子和街区也是有价值的。于是在20世纪70年代，城市规划进入了一个新的阶段，即与社区共同努力，旨在取得渐进式、包容式的改变。随着经济重回繁荣和增长，现在的城市规划聚焦于平衡经济发展和社区保护，同时致力于为创纪录的人口创造空间。据估计，到2040年，纽约人口将达到900万人。

相关主题

铁路 64页
建筑：摩天大楼 76页
公共卫生 84页

3秒钟人物传记

罗伯特·摩西
1888—1981
纽约城市规划师，是市长任命的贫民窟清除项目委员会的主席。

简·雅各布斯
1916—2006
记者、社会活动家，以1961年《美国大城市的死与生》而闻名。

本文作者

马修·戈登·拉斯纳尔

今天的城市规划师们继承了简·雅各布斯的衣钵，他们有着一项特殊的使命，那就是帮助发现和保存那些扎根在这些大城市里的小规模、非正式的经济形态。

1921年3月14日
出生于曼哈顿，父亲
是医生迈克尔·兰德
曼，是话剧《正人君
子》的作者之一

1941年
从纽约市立大学亨特
学院毕业，获得文学
学士学位

1942年
与工业设计师L.加尔
特·赫克斯特布尔结
婚

1942—1950年
在纽约大学攻读研究
生

1946—1950年
在现代艺术博物馆担
任建筑和设计部分的
策展助理

1950—1951年
获得富布赖特奖学
金，作为访问学者前
往意大利

1950—1963年
担任《美国进步艺术
和建筑》的供稿编辑

1958年
担任古根海姆博物馆
研究员

1963—1982年
担任《纽约时报》建
筑评论员

1970年
因杰出的评论获得普
利策奖

1997—2012年
担任《华尔街日报》
建筑评论员

2013年1月7日
在曼哈顿去世

人物介绍：艾达·路易斯·赫克斯特布尔

ADA LOUISE HUXTABLE

在纽约，如果不考虑艾达·路易斯·赫克斯特布尔，讨论建筑评论或即使只是讨论建筑，是几乎不可能的。她曾任《纽约时报》建筑评论员达21年之久，并在建筑和城市设计方面著述颇丰。赫克斯特布尔深刻的思想和文笔让她成为很受欢迎的评论家，她还是将最高理想付诸城市建设的一股力量。

艾达于1921年出生于曼哈顿。她在中央公园西侧一幢学院派建筑风格的房子里长大，其规模以及与周围街道相适应的风格形成了她"建筑须与周围环境相适应"理念的一部分。她于1941年从亨特学院毕业，并继续在纽约大学艺术研究所攻读研究生。她在布鲁明戴尔百货公司上班时，销售埃罗·沙里宁和查尔斯·伊姆斯等现代派设计师设计的家具系列。此时，她碰到了L.加尔特·赫克斯特布尔，后者是众多年轻设计师中的一位，负责产品的巡展。1942年两个人结了婚。

1963年，在结束研究生学习并担任现代艺术博物馆的建筑和设计策展助理后，她受邀成为《纽约时报》第一位全职的建筑评论员，而一开始她是拒绝接受这个邀请的。《纽约时报》助理总编克里夫顿·丹尼尔坚持邀请她加入，并最终说服她，没有人比她更适合这个职位。1970年，她和来自《圣路易斯邮报》的W.柴尔德侯爵成为普利策奖首次设立的杰出批评和评论奖的获奖者，她因"批评"而获奖，而柴尔德则因"评论"获奖。三年后，她成为第二位被任命为《纽约时报》编委会的女性。

赫克斯特布尔从来就不是一个空想家。她既拥护现代建筑的杰出部分，也对其缺憾进行批评。对那些考虑欠佳的项目和她认为是"反社会的"并拙劣地破坏了城市景观的建筑，她以相同的程度谴责建筑师和地产行业。尽管她是一位热情的保护主义者，但相较于单个建筑风格，她更醉心于建筑和其环境间的细微敏感的相互作用，这里所说的环境包括现有的街区和街上的行人。她从不一直维护建筑师，也不是拥护学院派建筑正统观念的人，但却成了公众喜欢的对象。她的专栏很受欢迎，使建筑评论成为纽约老百姓的谈资。

建筑：摩天大楼

30秒钟游览

3秒钟人物传记

约翰·皮尔庞特·摩根
1837—1913
银行家，现代公司的创始者。

卡斯·吉尔伯特
1859—1934
美国建筑师，最以伍尔沃斯大楼和位于华盛顿特区的美国最高法院大楼而闻名。

威廉·冯·阿伦
1883—1954
布鲁克林出生的建筑师，最以克莱斯勒大厦而闻名。

本文作者

马修·戈登·拉斯纳尔

3秒钟速览

最早出现于19世纪末期的摩天大楼，是纽约对世界建筑的主要贡献，因为这项成就非常适合"资本之都"。

3分钟扩展

一个多世纪以来，摩天大楼是纽约作为全球商业中心权力的代名词。这些摩天大楼中，有卡斯·吉尔伯特设计的新哥特式风格的伍尔沃斯大楼（1913年），在街上就能看到其夸张的建筑细节；有威廉·冯·阿伦设计的带有翼状散热帽和像铬合金一样顶冠的克莱斯勒大厦（1930年）；SOM公司设计的新世贸中心（2014年），在一个多世纪以来一直是纽约作为全球商业中心实力的代名词。

尽管摩天大楼现在在世界上很常见，但19世纪在纽约出现时，还是一种地方性的建筑形态。随着J.P.摩根等华尔街银行家打造全国性的企业，需要大量集中办公的办公室工作人员来进行管理。在乘客电梯的帮助下，最早出现在1850年左右的办公楼，很快就达到了前所未有的高度，它们竞相比赛，最终帝国大厦在1931年成为最高的建筑。尽管超高建筑抓住了大众的想象力，但它们被证明是不实用的，因为让上班的人高效地上下楼是非常困难的。很多大楼，包括伍尔沃斯大楼和克莱斯勒大厦等标志性的大楼，其价值是公司宣传，而非办公空间。到了20世纪50年代，这些高耸的摩天大楼差不多都成了纪念建筑，只有世贸中心是个例外。它作为政府项目，试图在城市危机的年代在纽约这座城市传递信心，与"911恐怖袭击"后取代它的新世贸中心差不多。与此同时，摩天大楼作为奢华的住宅获得了没有料到的回潮。随着纽约成为世界房地产投资的中心，"One57大楼"等"超高"高楼主要向海外有钱买主进行推销，他们在80年的时间里第一次开始重塑纽约的天际线。

世界知名的摩天大楼是帝国大厦，高达381米（1250英尺），位于33街和34街之间的第五大道上。

建筑：教堂，民用和家用

30秒钟游览

相关主题

铁路 64页
建筑：摩天大楼
76页

3分钟扩展

2014年，在未曾预料到的全世界"书迷"的反对声中，纽约市公共图书馆放弃了对其第五大道分馆进行装修的计划。该图书馆由卡莱尔和哈斯廷于1911年设计建造，是学院派建筑的地标性建筑，也是世界级的研究机构。它由两只可爱的大理石狮子把门，一只叫作"耐心"，另一只叫作"坚韧"。图书馆阅览室很宏伟，其长度大约有两个城市街区那么长。

至少从17世纪起，纽约市的"密度"就已经开始挑战美国的建筑师了。那时荷兰农场和联排式的住宅是在宽度为8米（25英尺）的地块上建造的。而18世纪英国人建造的对称式的红砖房，在19世纪又败给了乔治王时代、内战期间北方式以及希腊复兴式的宏伟联排住宅。但纽约真的是一座20世纪的城市，是"美国时代"的首都，见证了这座城市著名天际线的演变，这座城市从私宅遍地变成到处都是公寓楼。以学院派建筑传统呈现的城市纪念建筑物，是由在欧洲学校受训的美国建筑师设计的，这样的建筑物有很多，包括纽约大都会艺术博物馆，气势恢宏的纽约中央车站，以及哥伦比亚大学的主校区。这座城市不少的大教堂也是如此，包括圣巴尔多禄茂教堂、河滨教堂、圣约翰教堂等，它们都是在第二次世界大战前建成的。而纽约最著名的摩天大楼也是在同一时期人们感到乐观气氛的年代修建的。第二次世界大战后，建筑师们也没有停下来。战后时期出现了现代地标性的建筑物，包括西格莱姆大厦、利华大厦和林肯中心，它们本身就是标志性的。

3秒钟人物传记

斯坦福·怀特
1853—1906
华盛顿广场纪念拱门、麦迪逊广场花园、大都会俱乐部的设计师。1906年，他被情人的百万富翁丈夫射杀于自己设计的广场花园里。

本文作者

安德鲁·克里扎克

纽约的天际线也许被摩天大楼占据了，但这座城市真正的中心可以在低调朴实的19世纪和20世纪初建筑中找到。

城市生活

城市生活
词汇表

21俱乐部（21 Club） 位于西52街的高档餐厅，之前是"非法"酒吧。1922年表兄弟杰克·克莱恩德勒和查理·伯恩斯为了交学费，在格林尼治村办了这家酒吧，并在1929年固定在现在的场所。

安芙兰咖啡杯（Anthora coffee cup） 纽约标志性的纸质咖啡杯。于1963年设计，旨在吸引希腊裔的咖啡店主。杯子上有希腊双耳陶罐安芙兰的图案，上面用希腊大写字母写道"我们很高兴为您服务"。

越南法包（banh mi） 越南式的街头食物，即有馅料的法式或越南式棍状面包。

四大时装周（Big 4） 四个顶级的时装周，即纽约、伦敦、巴黎和米兰时装周。

血帮（Bloods） 大多数成员为非裔美国人的街头黑帮。为与黑帮"瘸帮"对抗，于20世纪60年代在洛杉矶成立，现在则遍及美国全国。其成员常常穿红色的衣服，并互相称呼"血"。

柏德佳（bodegas） 街角的小商店，最早出现在讲西班牙语的社区，现在则是遍及美国的杂货商店。

克罗顿渡槽（Croton Aqueduct） 1837—1842年修建的水渠，将位于韦斯特切斯特县克罗顿河的河水输送至66千米（41英里）外的曼哈顿，储藏在那里的水库中。

法拉盛草原（Flushing Meadow） 位于皇后区的公园，其所在的位置曾举办过1939年和1964年世界博览会。花旗球场位于公园的北端，从2009年起就是纽约大都会棒球队的主场。公园中还有美国网球协会比利·简·金国家网球中心，它在每年8月至9月举办美国网球公开赛。

同性恋骄傲大游行（Gay Pride March） 正式名称为"女同性恋、男同性恋、双性恋和跨性别者骄傲大游行"，是在每年6月最后一个星期六举行的庆祝游行。游行队伍沿着第五大道行进至格林尼治村，穿过位于克里斯托弗街的石墙酒店。石墙酒店所在的位置爆发过1969年石墙骚乱，从而产生了现代同性恋权利运动。

杰克逊高地（Jackson Heights） 位于皇

后区西北部，其居民来自多个种族，是很多拉美裔和东南亚裔居住的地方。每年六月这里都会举行骄傲大游行和庆祝活动，旨在欢庆同性恋权利。

犹太馅饼（knish） 街头小吃，面团中有辣味馅料，通常是压碎的土豆和磨碎的肉外加洋葱，在来自中欧的犹太移民中广受欢迎。

腌三文鱼（lox） 盐水腌制过的三文鱼，通常同百吉饼（硬面包圈）和奶酪一同食用。

"针头交换项目"（needle exchange programme） 公共卫生项目，为静脉毒品使用者提供免费的注射器针头，以限制艾滋病病毒和乙型肝炎的传播。

南北兄弟岛（Notrh and South Brother islands） 东河中位于布朗克斯和莱克斯岛之间的两个小岛。北兄弟岛在1885年至20世纪30年代为一家医院的所在地。在南兄弟岛，酿酒业大亨雅各布·鲁伯特（1867—1939）有一处度假屋，于1909年被烧毁。鲁伯特从1915年至去世一直拥有纽约洋基棒球队。

红勾社区（Red Hook） 布鲁克林区的一处社区。其"红勾音乐节"庆祝活动有舞会和现场音乐，每年6月在布鲁克林海滩举行。

赖克斯岛监狱（Rikers Island） 在东河中位于布兰克斯区和皇后区之间的部分，有一座叫赖克斯的小岛，岛上有由十座监狱组成的综合设施。赖克斯岛以荷兰定居者亚伯拉罕·赖肯的名字命名，其后人将该岛于1884年出售给纽约市，此后就一直被用作监狱。

索瓦兰吉（希腊汉堡）和烤肉（souvlaki and kabobs） 典型的希腊式街头食物，包括肉串和蔬菜，通常放在空心圆面包中。在英式英语中通常被称为"kebabs"。

锡盘巷（Tin Pan Alley） 19世纪晚期和20世纪早期掌控纽约流行音乐的词曲作者和音乐出版商。最初"锡盘巷"这个名字指的是其位置，位于第五大街和第六大街间的西28街，有时候人们也说这个名字来自《纽约先驱报》一篇对廉价的立式钢琴的贬损性批评，即用立式钢琴演奏的曲子就像是巷子里敲打锡盘发出的巨响一样难听。

公共卫生

30秒钟游览

3秒钟速览

纽约市的人群预期寿命在19世纪增长得并不均衡。从那时起，新项目已经让这座城市成为公共卫生方面的领先者。

3分钟扩展

过去的数年中，公共卫生的目标从应对传染病延伸到预防和控制传染病。后来又包括慢性病和有针对性的城市项目，如高楼的铁栅窗、食品店卫生检查、灭鼠和"针头交换计划"。911恐怖袭击之后，公共卫生机构官员又着手尸骨的处理和辨认工作。现在纽约市希望在其经济发展不平衡和种族差异巨大的市民中缩小健康上的差距。

早期公共卫生工作的努力聚焦在遏制传染病。感染黄热病或霍乱的城市居民被转移到斯塔腾岛上进行隔离。1842年，提供清洁饮用水和街道清扫用水的克罗顿渡槽建成。纽约市将数千头猪迁出，这些猪曾经是最高效的垃圾拾荒者，并代之以被戏称为"白翅膀"的街道清洁工。他们的白色制服类似医务工作者制服，这种制服象征卫生和健康之间的关系。这些垃圾收集者清理垃圾、臭积水、动物尸体以及人类和动物的排泄物。雅各布·里伊斯所拍摄的移民所住贫民窟的照片促使有关廉租房法律出台，促进了通风、照明、火灾逃生设施的改善，以及每两户公寓必须具备一处室内厕所。到了20世纪初，纽约在细菌科学方面处于领先位置，它拥有第一个市级常规实验室，定期对疾病进行检测。1947年，纽约市进行了世界上规模最大的快速疫苗接种项目，一个月中有635万人接种了天花疫苗。1954年，乔纳斯·萨尔克医生发明了脊髓灰质炎（小儿麻痹症）疫苗，纽约市约有4万名学生参加了新疫苗的现场试验。到20世纪末时，纽约几乎已经根除了传染病。

相关主题

下东区的民族村
36页
城市规划　72页

3秒钟人物传记

小乔治·E.沃宁JR.
1833 —1898
1895年起任纽约市卫生局负责人，实施了"白翅膀"垃圾收集项目。

玛莉·马龙
1869 —1938
被称为"伤寒玛莉"，她是爱尔兰移民，是伤寒病的无症状携带者。

本文作者

金成

现在，纽约市卫生局在管理公立学校免疫方面，执行着一些美国最为严格的制度。

纽约黑帮

30秒钟游览

反对天主教和移民的"鲍厄里小子帮"和爱尔兰"死兔帮"之间的斗争不仅仅是地盘之战，这两个帮派还都是政治团伙，他们在街上血战，以争夺选票。两个帮派都使用恫吓和暴力，为他们的候选人游说拉票，候选人则为选区提供工作机会和市政资金作为回报。当爱尔兰人离开贫民窟时，他们将控制权交给了意大利西西里人。第二次世界大战后，意大利人加入"五点（指）帮"，从而产生了一批新的黑帮成员。为了收保护费，他们让保护对象免受犹太人黑帮的袭扰，并"摆平"商业交易纠纷。与此同时，他们却又通过无处不在的抢劫、赌博、敲诈、卖淫制造社会恐慌。在禁酒令生效的时期，他们在黑帮"五大家族"的率领下，转向贩卖私酒，将自己的影响力扩展到较远的区乃至更远的地方。现在纽约黑帮主要由西班牙裔和非洲裔年轻人组成，仍然按照种族进行区分，仍然是使"自己人"免受敌对黑帮组织袭扰的主要保护力量。

本文作者

金成

疾病和黑帮暴力让19世纪纽约的廉租屋成为非常危险的居住场所。

LEFT HAND

饮食

30秒钟游览

殖民地时期，英国人于1696年引入了咖啡馆，既卖咖啡还卖酒，并可以进行政治辩论。从那时起，到后来19世纪60年代东欧移民叫卖手推车里的腌菜和犹太馅饼，纽约的食物和饮料反映了其人口的移民史和多种族的风味。20世纪七八十年代，希腊人售卖索瓦兰吉（希腊汉堡）和烤肉，而到了20世纪90年代，则出现了无处不在的拉丁裔杂货店和街角的韩国杂货店。尽管现在传统民族好吃的食物摊可能已经是午饭时间的主流，但道路上还是见缝插针地挤来了互相竞争的手推车，有的售卖改良墨西哥玉米卷，有的卖比利时华夫饼，有的则卖越南法包。如果没有这些小吃，纽约会是什么样子呢？小吃起源于19世纪下东区的德国和犹太移民，现在则在全市都可买到苏打饮料、熏鲑鱼和腌制肉。下东区的另一个明星是唐人街，这里曾经只是中国人居住的地方，现在则满是喜欢吃饺子的人和游客。德国出生的酿酒师在布鲁克林和布朗克斯撒下了时髦的小型酿酒作坊的种子，而酒吧调酒师则调制重新流行的鸡尾酒，这些鸡尾酒可能产生于禁酒令时期。禁酒令曾暂时抑制了餐馆行业，但也产生了21俱乐部等让人记忆犹新的"非法"酒吧。

3秒钟速览

百吉饼、安芙兰纸质咖啡杯、热狗、切块馅饼等……还有哪个城市有这么多具有多元种族特色的标志性食物形象吗？

3分钟扩展

移民们可能带来了家乡的风味，但很多食物却起源自纽约。德尔莫尼科餐厅声称发明了火焰冰淇淋和纽伯格龙虾，还在1827年刚开张的时候，规范了美国人就餐的礼仪。维希奶油浓汤最早是在丽思卡尔顿酒店里被冷却的，鸡肉馅饼则是"巴黎咖啡馆"的特色菜，另外鸡肉和华夫饼在哈莱姆的威尔餐厅得到了融合。与此同时，纽约人还饮用"曼哈顿"鸡尾酒、"吉布森"鸡尾酒和"血腥玛丽"鸡尾酒。

相关主题

移民　32页
下东区的民族村
36页

3秒钟人物传记

莱斯利·巴克
1922—2010
标志性的安芙兰咖啡杯的设计者，以前曾是纸杯公司的高管。

戴维·昌
韩国裔美国厨师、作家，是受人欢迎的桃福餐饮集团的创始人。

本文作者

金成

纽约的餐饮业迎合了其多元化的人口，提供来自世界各地的食物，包括犹太、意大利和希腊的特色食品。

夜生活

30秒钟游览

3秒钟速览

除了20世纪七八十年代的短暂时光，纽约很少在歌曲创作方面领先风尚，但没有任何其他地方比纽约更适合随着歌曲起舞了。

3分钟扩展

纽约的夜生活有一些起起伏伏。当纽约低迷的时候，夜总会和酒吧就成为奇妙的避难所，而当纽约繁荣的时候，财富就对臆想的噪声和讨厌的感觉产生强烈的抵制。鲁迪·朱利安尼于1994年当选纽约市长，他重新颁布了1926年的夜总会法，禁止在未获得许可的场所里跳舞，法律还倡导其他"有品质的生活方式"。而布隆伯克市长对河边"轻工业"土地的发展导致很多著名的夜生活场所消失了。

彼得·史岱文森曾担任荷兰新尼德兰省总督直至1664年。如果他现在还活着的话，以他的名字命名的城市广场和建筑应当会感谢他。但他也曾下令"不得新开酒吧、酒馆或小酒店"，所以他也同样会被纽约喧闹的夜生活所吓到。但夜生活从18世纪起就开始走下坡路了。那个时候，人们的夜间娱乐活动主要是有钱人在家开私人舞会，或者在拉内拉赫花园进行逗熊和斗鸡等"体育"活动。19世纪，不少酒馆充斥着赌博和民间音乐，没有任何法令能让这些酒馆关门。到了1910年，纽约的600个舞厅和夜总会兴起了从非裔美国人中产生的"雷格泰姆"音乐，这种音乐在锡盘巷周围的音乐沙龙里演出。"镀金时代"的"强盗大亨"们建造了大都会歌剧院和百老汇，而爵士乐则在哈莱姆街区喷薄而出。与更有名的"棉花俱乐部"不同的是，"小天堂"同时接纳非裔美国人和白人客户。20世纪七八十年代，位于住宅区耀眼的"54俱乐部"、位于曼哈顿的以时尚为焦点的"氙"和位于商业区的"浑水酒吧"将好莱坞带到了纽约。位于东村、下定决心要摒弃浮华的CBGB俱乐部让帕蒂·史密斯同"金发女郎"乐队分道扬镳。随着室内音乐的兴起，"迷幻药"的使用以及21世纪的城市改造，有名气的调音师（DJ）已经变得比酒吧的位置更为重要。

相关主题

纽约的同性态　92页
反主流文化的纽约
98页

3秒钟人物传记

史提夫·卢博
1943—1989
出生于布鲁克林，是纽约夜总会之神"54号工作室（俱乐部）"的灵魂人物。

尤尼奥尔·瓦斯克斯
调音师之王，痴迷于酒吧音乐，建立了颇具影响力的"音乐工厂"，并制作了电子音乐专辑《Twilo》。

本文作者

迈克尔·维劳比

纽约夜生活里的传奇音乐家们基本不在意自己演奏。乔治·格什温将自己独特的音乐归功于纽约"渐强又让人兴奋的节奏"。

纽约的同性恋

30秒钟游览

3秒钟速览

纽约长期以来都是同性恋世界的中心。而在石墙暴动之前的几百年里，纽约曾是现在业已消失的同性恋文化交织的地方，这些文化包括语言、服饰和场地。

3分钟扩展

到1994年，纽约市已有5万人因艾滋病死亡（虽然次年由于新药的出现，使得因病死亡的人数大大减少），人们感受到共同的痛苦，这种痛苦的原因不仅仅是政府响应迟缓。因这种共同的痛苦，形成了同性恋者的社群，并让对这个社群持敌意的整个美国意识到同性恋人群必须享有基本的人权。

早些年在纽约，"同性恋"和"异性恋"间的界限是不那么明确的。单身男人在结婚之前更多是和其他男人一起玩，而不是和女人待在一起，他们的性取向更多以他们自身的行为而非他们伴侣的性别体现出来。20世纪20年代，数千名观众来到哈莱姆地区参加盛大的变装舞会。纽约市警察局曾经断断续续地严苛地执行关于男人着装和行为的法律。但同性恋的世界仍然通过咖啡馆、旅馆、浴室，以及充满密语和表情的网络兴盛起来。"大萧条"和麦卡锡主义时期，这种景象被迫转入地下，但在1969年6月28日突然引起了公众的意识。那天穿女装的男同性恋、女同性恋、妓女、无家可归者和跨性别的年轻人，由于受够了黑手党和腐败警方的敲诈勒索行为，在格林尼治村的小酒馆即"石墙旅馆"发生了暴动。同性恋者情绪激动的场景在20世纪70年代引领了纽约的夜生活。想象一下，安迪·沃霍尔在马克斯堪萨斯城酒吧接受朝拜，然后又平静地赶往54号工作室（俱乐部）跳迪斯科。纽约在1981年报告了第一例艾滋病病例，从而永远改变了这样的场景。

相关主题

纽约市警察局　48页
夜生活　90页

3秒钟人物传记

詹姆斯·鲍德温
1924—1987
出生于哈莱姆地区的非洲裔美国杂文作家，他还是早期同性恋小说《乔瓦尼的房间》的作者。

希尔威亚·雷.里维拉
1951—2002
拉丁裔美国"变装皇后"，是"石墙暴动"的当事人，是同性恋解放阵线和同性恋行动者联盟的创建成员。

本文作者

迈克尔·维劳比

1970年6月，《纽约时报》报道了纽约市第一次同性恋骄傲大游行，数千名游行者从谢里登广场行进至"绵羊草原"。

1864年5月5日
出生于宾夕法尼亚州科克伦米尔斯，出生时的名字叫伊丽莎白·简·科克伦

1879年
被宾夕法尼亚州印第安纳县的印第安纳州立师范学校录取，学习教育。因资金不足于一学期后离开

1885年
因向总编辑提交了一封满篇怒气的信，而被《匹兹堡电讯报》录用。获得"娜丽·布莱"的笔名

1885年
获得为期六个月的短期合同，以外国记者的身份前往墨西哥

1887年
"精神病院十日"见之于《纽约世界报》，曝光了布莱克韦尔岛上虐待事件

1889—1890年
在72天6小时11分钟内航行34990千米（21740英里），打破儒勒·凡尔纳的小说《八十天环游地球》的主人公斐利亚·福克的纪录

1894年
报道纽约普尔曼大罢工

1895年
在罗伯特·希曼求爱两周后嫁给了他

1901年
为一种新型牛奶罐申请了美国第697553号专利

1902年
为整齐叠放垃圾桶的方案申请美国第703711号专利

1904年
在丈夫罗伯特·希曼去世后，成为铁甲制造公司的所有人

1914年
提交破产申请，并逃至奥地利以躲避债务人。作为美国第一位女性战地记者报道第一次世界大战

1919年
回到美国，为《纽约晚报》撰写建议性的专栏，并为孤儿和穷人代言

1922年1月27日
因肺炎去世，享年57岁。亚瑟·布里斯班在《纽约晚报》中称其为美国最好的记者

人物介绍：娜丽·布莱

NELLIE BLY

娜丽·布莱是噱头报道和调查性报道的先驱，她的生活就如同她的文章一样"耸人听闻"。她于1864年5月5日出生在宾夕法尼亚州的科克伦米尔斯，出生时名字为伊丽莎白·简·科克伦，是县法官家中的第十三个孩子。因父亲去世家道迅速中落，迫使家人搬到匹兹堡，在那里她的母亲开了一家寄宿公寓。伊丽莎白被《匹兹堡电讯报》的一个专栏激怒了，该专栏将工作的妇女称为"怪物"。她写了一封强硬的反驳信，反倒让报社给她提供了一份工作，她的笔名"娜丽·布莱"来自史蒂芬·福斯特的歌曲，但拼写有误。这样她的记者生涯就开始了。

当其他女性记者报道时尚和园艺时，布莱则利用了改革的潮流和妇女争取选举权的运动。她使用复杂详细的细节和个人观点，对工作的妇女和穷人进行报道。她伪装成为工作流水线上的一员，深入报道血汗工厂；化妆成未婚妈妈，揭露婴儿买卖的勾当；还以外国记者的身份远赴墨西哥报道针对波菲里奥·迪亚斯的抗议活动。

1887年，她作为约瑟夫·普利策的《纽约世界报》的记者，乔装扮成精神失常的人，来到布莱克韦尔岛，探查此地女性疯人院里的残暴和疏漏。她的报道引发了浩大的司法调查，并使得相关整顿措施花费增加了85万美元。但布莱最为有名的"噱头"则是环球旅行打破了儒勒·凡尔纳的小说《八十天环游地球》里的虚构主人公斐利亚·福克的纪录。她在法国亚绵见到了凡尔纳，在新加坡得到了一只宠物猴子。预测她归来日期的竞赛吸引了超过五十万人参加，她则种下了交换卡牌游戏和棋盘游戏的种子。1890年1月25日，布莱在人们庆祝她旅行成功的枪声中，结束了共耗时72天6小时11分钟的旅程。

31岁的时候，布莱同身为百万富翁的实业家罗伯特·希曼结婚，丈夫比她大40岁。丈夫去世时，布莱接管了他的"铁甲制造"公司。她持有两项美国专利，是杰出的女性实业家，直到员工挪用公司钱款迫使公司破产。为躲避债主讨债，她在第一次世界大战爆发时逃到奥地利，从战壕中进行报道，成为美国第一位女性战地记者。

1919年，她回到纽约，成为《纽约晚报》的专栏作者，不知疲倦地为孤儿们工作，并在57岁时收养了一名孩子。1922年，布莱因肺炎去世，葬于布朗克斯区的伍德劳恩公墓。

金成

风笛和气球

30秒钟游览

在夏天的任何一个周末，你可以在曼哈顿上西区或下东区闲逛，并发现在禁止车辆通行的广场上，小摊排成行，出售零食和小玩意儿。街头市集是纽约根深蒂固的传统，即便是新阿姆斯特丹时期的殖民者也在荷兰西印度公司的仓库外进行交易。现在，这些街道上的市集活动与其说是购买食物的场所，倒不如说是聚集的场所。但纽约的市集并非只服务于当地人。1939年和1965年，超过9000万观众来到皇后区的法拉盛草地，参观世界博览会的展览，面对即将爆发的世界大战和美国各种各样的国家危机，当年的世博会展示了未来更加光明的前景。即使规模不是那么大，很多纽约的年度游行活动还是吸引了大量的观众，如两百万观众在圣帕特里克日游行中站满了街道直至第五大道，这是从1762年就开始的传统，而350万人则观看了梅西百货感恩节大游行中的巨大气球，这标志着纽约假日季的开始，从1924年起就是如此。而与这种盛大场景相对的，则是有些低俗的路边表演，他们在纽约的表演文化里留下了自己的印记，这些人包括现在时代广场的"裸体牛仔"，还有P.T.巴纳姆。后者是19世纪中期玩杂耍的人，他表演人类的怪癖和奇怪的动物。

3秒钟速览

另一个星期天（或星期一、星期二或星期三……），另一次游行或者市集，都在这个不夜城的日历上划下记号。

3分钟扩展

很多纽约的游行，包括波多黎各国庆日游行、同性恋骄傲大游行，其实都是庆祝这座城市的多元文化。一些甚至是作为对其他游行的回应而出现的，比如皇后区的圣帕特里克日守护众人的游行，起因是同性恋群体被禁止在曼哈顿游行。对于观众和路过者来说，这是了解他们的邻居更为直接的方式。

相关主题

纽约的同性恋　92页
反主流文化的纽约 98页

3秒钟人物传记

P.T.巴纳姆
1810－1891
美国杂耍人，美国式恶作剧和怪诞穿插表演的发起人。

克雷格·罗德威尔
1940－1983
同性恋权益积极分子，曼哈顿格林尼治村居民，"石墙暴动"的领导者之一，纽约第一次同性恋骄傲大游行的促成者。

本文作者

詹妮弗·沙朗

纸带游行是指在周围的建筑物上向游行队伍抛洒纸带，这项仪式起源于1886年10月欢迎自由女神像的游行活动。

反主流文化的纽约

30秒钟游览

纽约曾经是美国的第一个政治首都，但它注定不会一直是政治首都，于是纽约成了文化首都，后来又成了反主流文化的首都。1969年西奥多·罗斯扎克提出"反主流文化"这一术语时，纽约就早已是对该术语所描述的那些"反主流文化"的人极具吸引力的地方了。美国波西米亚式的玩世作风始于南北战争前的纽约。摩登女郎在"爵士乐时代"的非法酒吧里肆无忌惮地跳舞，而"垮掉的一代"的作家艾伦·金斯伯格和杰克·凯鲁亚克则在郊外的富人区会面。纽约画派画家马克·洛维特和杰克逊·波洛克将战后的艺术世界引入到极其简约的抽象表现主义中。罗斯扎克特意希望"反主流文化"这个词能捕捉到反对越南战争的活动家们和新左派成员的价值观。新左派们反对其父母那辈人的社会传统，并在格林尼治村集会。如果纽约独一无二的剧院和博物馆是其文化地位的象征，那么也有同样多的证据表明存在不断抵制这些标准的文化现象，比如戴着鼻环或耳环的主顾们兴高采烈地在圣马克广场的漫画书店玩扑克游戏，把联合广场当成百老汇外即兴表演舞台跳起霹雳舞的教士僧侣们，在地铁通道里表演的音乐人们。所有这些，都是纽约反主流文化持续生命力的证明。

相关主题
艺术：艺术家、评论家、画廊和街头艺术 110页
古典音乐之城 128页

3秒钟速览
为城市反主流文化的消亡而叹息，是纽约上了年纪的人的工作，而以毫无顾忌的鲁莽重现这种文化，则是纽约年轻人的职责。

3分钟扩展
12层高的切尔西酒店于1884年开业时，是纽约最高的建筑。现在它仍然是纽约反主流文化的代名词。切尔西酒店是狄兰·托马斯度过最后岁月的地方，是罗伯特·梅普尔索普拍摄早期照片的地方，在这里威廉·巴勒斯写了《裸体午餐》（也叫《活死人之旅》），而安迪·沃霍尔则拍摄了《雀西女郎》。莱昂纳德·科恩和鲍勃·迪伦用歌曲让切尔西酒店被人传颂。

3秒钟人物传记
艾玛·戈德曼
1869—1940
俄国出生的无政府主义者，她因在曼哈顿代表工人和妇女进行热情演说而出名。

威斯坦·休·奥登
1907—1973
英裔美国人，诗人，短暂地同卡森·麦卡勒斯和本杰明·布里顿一道住在布鲁克林高地的作家庇护所内。后来在圣马克广场77号住了近20年。

本文作者
萨拉·芬顿

剧作家阿瑟·米勒将切尔西酒店称为"超现实主义的巅峰，在这里没有真空吸尘器，没有规则，没有羞耻"。

时尚的纽约

30秒钟游览

19世纪初之前，美国家庭负责制作他们自己的衣服，只有那些特别有钱的人家才找裁缝定制。这种情况因奴隶制的出现而发生改变，那时整个劳动力队伍需要大量便宜耐用的衣服。伊莱亚斯·豪在19世纪中期改进了缝纫机，同时有技术的移民来到美国，纽约的制造业就应运而生了。"服装区"是制造业的中心，占地面积2.5平方千米（1平方英里），位于35街和41街、第五大道和第九大道合围的区域。在这里裁缝们的兄弟会在德国和爱尔兰的服装女工面前屈服了，后者不光能为勘探者、船员和内战中的军人批量生产制服，还能学着为美国顾客重现法国的时尚服饰。到1910年，70%美国女性服装都产自"服装区"，但直到第二次世界大战期间美国人无法再看到巴黎的时装秀时，"服装区"才成为美国服装业的热土。有了时尚专家埃莉诺·兰伯特和《时尚》杂志编辑戴安娜·弗里兰和安娜·温图尔，美国的时尚产业得到了发展，不光反映了巴黎的风尚，还塑造了当今迷人的时尚潮流。纽约时装周现在是世界"四大时装周"之一。

相关主题

移民　32页
报纸和杂志　116页

3秒钟速览

时尚业是由生活必需品造就的产业，纽约的时尚业是一个与生俱来的行业，如今统治着T台，并为国际潮流制定样式。

3分钟扩展

纽约最早的百货商店出售各种各样的纺织品，并簇拥在曼哈顿下城区"一英里女人街"里。随着制造业和美国时装的出现，百货商店开始向北移到第五大道，这里一度被视为世界上最昂贵最奢侈的购物街。尽管很多百货商店自此合并或关张，一些显赫高档的奢侈百货商店仍然存在，如波道夫·古德曼百货商店、萨克斯第五大道精品百货商店和亨利·班德尔百货商店。

3秒钟人物传记

埃莉诺·兰伯特
1903—2003
有影响力的美国艺术和时尚宣传家，纽约时装周的创始人，国际最佳着装奖创始人，现代艺术博物馆的共同创始人之一。

安娜·温图尔
英国出生的时尚界标志人物，自1988年以来就是美国《时尚》杂志的总编辑。

本文作者

金成

买不起时装周的门票？没关系，来位于曼哈顿下城区的苏荷区或第七大道吧，这里将魅力和坚韧结合起来，成为城市的标志之一。

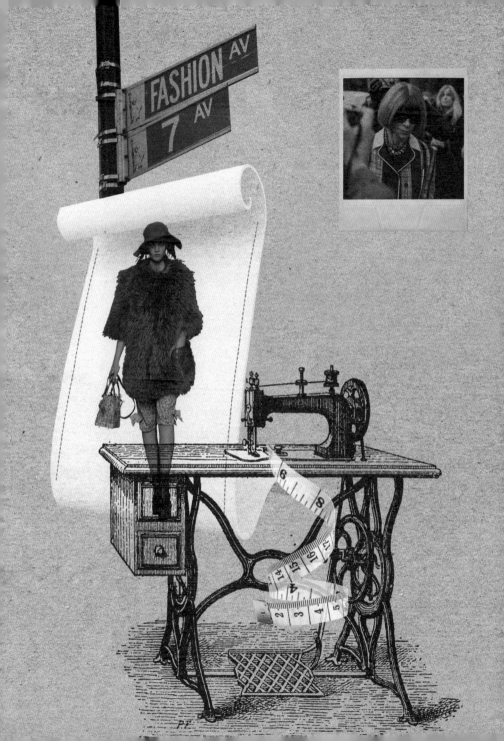

教育之都

30秒钟游览

3秒钟速览

曼哈顿最早的公立学校是第一小学，于1806年开始办学。以数字形式的命名系统在纽约五个区得到了复制，产生了相当大的混乱，比如有五家"第一小学"。

3分钟扩展

纽约还有着比美国其他城市数量都要多的大学生。其110所高等教育机构包括仍在扩张的公立性质的纽约城市大学体系；私立大学如哥伦比亚大学（纽约州最早的大学，1754年根据英国皇家特许状成立）和纽约大学；私立教会大学，如福德汉姆大学、圣约翰大学和叶史瓦大学；以及茱莉亚学院。

教育纽约年轻人的巨大责任主要落在纽约市的公立学校系统身上，它是美国最大的公共教育系统。这个系统服务1800所学校近一百万名学生，年运行费用约为220亿美元。该系统由市长任命的学校校长领导，校长同市级顾问小组还有区级教育委员会合作。学校接受来自联邦、纽约州和本地多种来源的资助。在2013—2014学年，约79%的学校获得"第一类资助"，以帮助来自低收入家庭的孩子。纽约市的公立学校提供让人眼花缭乱的项目和服务，帮助各种各样的学生，包括学习英语的学生、有残疾的学生、无家可归的学生以及有辍学可能的学生。纽约市从地理上被分为32个区域，每个区域又再次被分割成更小的区域，以决定学校的分配。尽管学生是按照他们的家庭住址被分到附近学校的，但范围较宽的选校政策让居民们可以在居住以外的区域申请学校。此外，还有约900所非宗教性的学校和私人学校不依赖于公立教育体系而独立运作。

相关主题

城市规划　72页
公共卫生　84页

3秒钟人物传记

詹姆斯·麦丘恩·史密斯
1813—1865
第一位获得医学学位的非裔美国人，他在曼哈顿为非裔举办的免费学校上学。

查尔斯·B.J.斯奈德
1860—1945
美国建筑师，学校建筑督学，他设计或翻新了350多所学校，其中至少有13所学校现在被确定为地标建筑。

本文作者

南希·格林·萨莱斯基

美国独立战争迫使国王学院中断办学八年。战后，这所大学以一个新的名字重新开放，即哥伦比亚大学。

艺术和文化

艺术和文化
词汇表

废奴运动（abolitionism） 废除奴隶制的运动。

布什维克街区（Bushwick） 位于布鲁克林的街区，同威廉斯堡、布朗斯维尔和贝德福德—史岱文森街区相邻。该街区有非常强大且活跃的艺术家社群。

切尔西街区（Chelsea） 曼哈顿西侧的街区，一直以其活跃的同性恋活动而闻名，从20世纪90年代起是现代艺术的中心。这个街区拥有标志性的切尔西酒店，诗人迪伦·托马斯在这里病入膏肓，而"性手枪"乐队的希德·维瑟斯的女朋友南希·斯庞根在这里去世，布兰登·贝汉、鲍勃·迪伦、莱昂纳德·科恩和帕蒂·史密斯等作家和音乐家曾在这里下榻。这个街区因伦敦的切尔西庄园而得名，庄园的主人是托马斯·克拉克，他是一位退休将军。

白色大道（The Great White Way） 曼哈顿城中百老汇大街位于42街和53街之间的部分，这里是"剧院区"所在地，还拥有时代广场。白色大道（The Great White Way）这个名字最初用于百老汇大街稍微有些不同的区域，因为这个区域在19世纪末时，在电灯广告的映衬下是如此的明亮。

格林尼治村（Greenwich Village） 下曼哈顿西侧的区域，在很多年间是纽约最主要的视觉艺术中心，还是作家和波西米亚式不羁生活的中心。20世纪50年代"垮掉的一代"、20世纪60年代的反主流文化运动和现代的同性恋运动都在本地人嘴里这个叫作"村"的地方诞生。这个村由14街、休斯敦街、百老汇街和东河合围而成。其名字来自荷兰语"Groenwijck"，意思是"绿色区域"。

高线公园（The High Line） 位于曼哈顿被废弃的西侧铁路支线上的空中"绿道"公园，从2009年到2014年9月间分段开放。起于肉类加工区的甘斯沃尔特街，止于西34街，全长2.33千米（1.45英里）。

爵士乐时代（Jazz Age） 20世纪20年代，爵士乐和爵士舞在美国和欧洲盛行的时期。有时候被称为"咆哮的20年代"，这个时期随着1929年华尔街股灾和1929年至1939年"大萧条"时期的经济凋敝而戛然而止。

肉类加工区（Meatpacking District）
过去曾是纽约肉类加工仓库和市场所在地，现在则是极具魅力、24小时开放的区域。这里有夜总会、餐馆、高档精品店和价格昂贵的住宅，还有高线公园的一部分和惠特尼美国艺术博物馆。该片区由西14街、甘斯沃尔特街、哈德逊街和哈德逊河合围而成，正式名称为甘斯沃尔特市场。

向阳高丘（Morningside Heights） 曼哈顿上西区内的一片区域，有时候被称为"大哈莱姆地区"，这里有哥伦比亚大学和圣约翰大教堂。"垮掉的一代"时期的作家杰克·克鲁亚克和艾伦·金斯伯格曾住在这里，而F.斯科特·费兹杰拉德也曾在这里住过一阵。乔治·格什温在这里创作了《蓝色狂想曲》。本地餐厅"汤姆餐厅"给苏珊娜·维加提供灵感创作了歌曲《汤姆餐厅》，该餐厅还出现在为一家咖啡馆拍摄的外景中，喜剧电视剧《宋飞正传》中的杰瑞、乔治、伊莱恩和克莱默都常常造访这家咖啡馆。

苏荷街区（SoHo） 曼哈顿下城区的一个街区，因其位置位于休斯敦街南侧而得名（SoHo）。该街区最以其铸铁建筑和纽约第一个经艺术家领衔改造的街区而闻名。20世纪60年代，该街区本要成为罗伯特·摩西规划的曼哈顿下城区快速路的工程所在地，但作家、公众活跃分子简·雅各布斯和本地居民反对这一计划。从20世纪60年代起，苏荷区就是艺术家的聚居地，他们用废弃的制造业和商业建筑作为生活和工作的场所，他们就是最早喜欢"LOFT"公寓的人。现在这里以购物出名。

威廉斯堡街区（Williamsburg） 布鲁克林的一个街区，毗邻贝德福德—史岱文森街区，自20世纪90年代以来，大部分地方都进行了改造，很多艺术家搬来此地。20世纪初期，这里成为独立摇滚和潮人文化的中心，又被称为"小柏林"。

艺术：博物馆

30秒钟游览

1930年，格特鲁德·范德比尔特·惠特尼主动提出，将自己收藏的700幅画作捐赠给纽约大都会艺术博物馆，并提供资金修建一个翼楼侧厅来陈列这些藏品。大都会博物馆因不接受现代艺术的理念，拒绝了她的捐赠意愿，促使惠特尼创办了以自己的名字命名的博物馆。现在，惠特尼美国艺术博物馆（惠特尼美术馆）展出20世纪每一位在世的重要的美国艺术家的作品，而惠特尼双年展也为现代艺术确定了基调，从而影响了艺术的潮流，并预示了新美国艺术家的作品。惠特尼美术馆的建立并非现代艺术在纽约第一次被"嗤之以鼻"。艾比·阿尔德里奇·洛克菲勒当时可能已经成为小约翰·D.洛克菲勒的妻子，但后者如此不能接受现代艺术，以至于他拒绝为纽约现代艺术博物馆提供资金。该博物馆是最早涵盖所有视觉表达方式的博物馆之一，现在拥有横跨150年、来自世界各地的艺术家们的近20万件作品。不过，洛克菲勒家族最终还是成为现代艺术博物馆最大的捐助者之一。大都会艺术博物馆是美国最大的艺术博物馆，拥有古希腊和古罗马的文物、2500幅欧洲画作和开罗之外最多的埃及艺术品。1987年，即使是庄严雄伟的大都会博物馆也开了华勒斯现代艺术展厅。

博物馆取得了一种平衡，一边是让更多人接触到尽可能多的艺术，另一边是维持审视和思考艺术所需的神圣空间。

艺术：艺术家、评论家、画廊和街头艺术

30秒钟游览

3秒钟速览

主要的艺术运动都以纽约为中心，包括哈德逊河画派、垃圾箱画派、抽象表现主义派（又名纽约画派）和波普艺术派。

3分钟扩展

纽约高昂的居住成本逼着艺术家们创新，并让他们不断进步。艺术家们于20世纪60年代聚居在格林尼治村，20世纪70年代在苏荷街区，20世纪80年代在东村，20世纪90年代则在布鲁克林的威廉斯堡等地。布鲁克林的布什维克街区是纽约最大的"嘻哈"社区，但不断上升的价格迫使艺术家们分散在整个纽约。

没有哪座城市能像纽约一样，将这么多艺术杂糅在这么小的空间里。这样稠密的程度使得纽约从19世纪的艺术中心，成长为1945年后的艺术之都。纽约的艺术社群长期以来都聚集在曼哈顿下城区。第十大街的工作室大楼是温斯洛·霍默的家，将格林尼治村打造成为纽约最重要的艺术区。格特鲁德·范德比尔特·惠特尼在格林尼治村的工作室则成了惠特尼美国艺术博物馆。20世纪四五十年代，纽约抽象表现主义画派在"村里"第八大街上聚拢起来。在评论家克莱蒙特·格林伯格和赞助人佩吉·古根海姆的帮助下，杰克逊·波洛克、威廉·德·库宁和马克·洛淮特在雪松小酒馆边喝酒边开启了自己的事业。20世纪70年代，艺术家和画廊搬到了苏荷区的复式楼里。在这些洞穴般的房间里，住着跨"行业"的行为艺术家们，如戈登·马塔-克拉克和特丽莎·布朗。20世纪80年代，基斯·哈灵和让-米切尔·巴斯基特离开东村的街头，来到画廊和博物馆，将街头艺术带入了正式艺术的世界。1954—2015年，惠特尼美术馆一直在往郊区搬迁，但后来重新往市区搬迁，来到肉类加工区，离纽约画廊最集中的西切尔西地区仅有几个街区远。

相关主题

纽约的同性恋 92页
艺术：博物馆 108页

3秒钟人物传记

安迪·沃霍尔
1928—1987
美国艺术家，在自己的工厂里首创了波普艺术。

让-米切尔·巴斯基亚
1960—1988
美国艺术家，最初是一名涂鸦艺术家，将纽约大楼涂上"Samo（萨莫）"的字样。后来他的作品成为现代艺术博物馆藏品的一部分。

本文作者

亚伦·什库达

英国作家彼得·谢弗曾说过，"如果伦敦是一幅水彩画，那么纽约就是一幅油画"。

百老汇

30秒钟游览

英国人于1664年控制了纽约，他们将自己丰富的戏剧传统一并带了过来。最早在曼哈顿下城区上演的是莎士比亚的戏剧和歌剧，常常由来自伦敦的剧团演出。在因美国独立战争短暂中断后，剧院又回来了，因为降低了票价而避开了英国和其严肃的戏剧演出，改为更轻松的表演，如费尼尔斯·泰勒·巴纳姆的马戏、魔术、滑稽讽刺表演，以及奢侈的歌剧以及杂耍戏，通过歌曲和舞蹈松散串联在一起，买一张票就能看完全部表演节目。1899年，奥斯卡·汉默斯坦跋涉来到北方，在42街上建造了能容纳1000人的维多利亚剧院。其他剧院很快就跟风出现，于是"白色大道"便诞生了。在"咆哮的20年代"，弗洛伦兹·齐格飞对综艺节目进行了改进，创制了绚丽壮观的歌舞剧，为未来表演奠定了基础。数年间，百老汇历经数次战争、电影的兴起以及经济"大萧条"而生存下来，一直是纽约最挣钱的旅游景点之一。尽管现在百老汇拥有40家剧院，上演着各种流派的表演，剧院观众的喜好仍未发生改变，在百老汇演出时间最久的25个剧目中有23个都是音乐剧。

3秒钟速览

纽约的热门音乐剧起家于戏剧和杂耍戏，但现在仍然在百老汇熠熠生辉。

3分钟扩展

当纽约规划委员会于1811年制定规划，将这座城市规划为现在这种著名的网状结构时，只有少数道路是例外，其中一条道路便是百老汇大街。它是一条古老的印第安人乡间小路，弯弯曲曲横贯整个曼哈顿岛。在41街、53街、第六大道和第九大道合围形成的区域里，有世界上最著名的剧院区。

相关主题

路网　62页
铁路　64页

3秒钟人物传记

奥斯卡·汉默斯坦
1895—1960
纽约出生的戏剧制作人，音乐剧导演，两次获得普利策奖，五次获得托尼奖，两次获得奥斯卡原创歌曲奖。

史蒂芬·桑德海姆
1930—
出生于纽约，知名作家和作词家，八次获得格莱美奖，一次获得普利策奖，一次获得奥斯卡金像奖，是获得托尼奖次数最多的作曲家（8次）。

本文作者

金成

《小镇风云》《西区故事》《长发》《歌舞线上》《飞燕金枪》《吉屋出租》《汉密尔顿》。这些音乐剧不光在纽约上演，其故事背景就是纽约。

哈莱姆文艺复兴

30秒钟游览

哈莱姆文艺复兴是一场文学、社会和艺术运动，于20世纪20年代晚期达到高潮，发生的地方是曼哈顿非裔美国人居住的哈莱姆街区。在20世纪头几十年，哈莱姆成了离开美国南方前往北方的移民的一处目的地，该社区便成了纽约非裔美国人中产阶级和文化精英人士居住的地方。知识阶层热烈地就政治、民俗文化、"性解放"和文化传统进行探讨辩论，而在20世纪20年代的纽约，非裔美国人文化日益受到欢迎，于是便将这些问题带到了更广泛的大众面前。哈莱姆文艺复兴的主要代表就是所谓的"新非裔美国人"理念，这种通过支持非裔美国人种族和文化的荣光，通过完完全全的非裔美国人运动的社会和艺术产物，能够也将要挑战美国社会普遍存在的种族主义。哈莱姆文艺复兴的重要人物包括作家W.E.B.杜·布瓦、佐拉·尼尔·赫斯顿，诗人兰斯顿·休斯，政治领袖马克斯·贾维以及律师和外交家詹姆斯·韦尔登·约翰逊。美国城市联盟和美国全国有色人种协进会等推动非裔美国人政治权益的组织就是在这一时期建立并兴盛的。

3秒钟人物传记

詹姆斯·韦尔登·约翰逊
1871—1938
出生于佛罗里达的非裔美国人作家，律师，定居于纽约，成为哈莱姆文艺复兴和美国全国有色人种协进会的重要人物。

兰斯顿·休斯
1902—1967
非裔美国人，"爵士乐诗人"，小说家，哈莱姆文艺复兴的领袖。

本文作者

安德鲁·克里扎克

　　哈莱姆文艺复兴的艺术家们包括音乐家、小说家、画家、政治理论家、诗人。他们的作品是如此的种类繁多和雄心勃勃，以至于无法对其进行分类。

报纸和杂志

30秒钟游览

《纽约公报》是纽约第一份报纸，诞生于1725年11月，它既非公平也不流行，只在两页印刷粗陋的纸张上塞满了外国新闻。批评《纽约公报》同情保皇派立场的《纽约周刊》诞生了，使得出生于德国的出版商约翰·彼得·曾格以诽谤罪被审判和监禁。到了19世纪30年代，一家廉价报刊以八卦小报的形式席卷了纽约，它的售价（1美分）比传统报纸的6美分要低得多。便宜的售价获得了新的受众，这些人便是移民、工人阶级和中产阶级。报纸出版商保持文章简洁，使用直白的词汇，着墨于犯罪报道、八卦和其他人们关心的事件。讨喜的价格和公众对犯罪和危机的"喜爱"催生了"日报"这种形式，并永久塑造了美国新闻行业的速度和效率。到了20世纪20年代，对新闻如饥似渴的纽约人拥有不少于19种日报。现在，在全美享有盛誉的《纽约时报》和《华尔街日报》注重客观性，但八卦报纸的受欢迎程度也不差，如《每日新闻》《每日镜报》和《纽约邮报》。在知识性较强的报纸方面，有《纽约书评》中由功成名就的作家撰写的长篇杂文；对文化和生活感兴趣可以看《纽约杂志》和《纽约客》，它们长期以来被视为美国短篇小说和诗歌的首要出版商。

3秒钟速览
如果没有面包圈、咖啡和一沓《纽约时报》，上班路上会变成什么样子？

3分钟扩展
1962年12月，17000名雇员停止出版纽约的报纸，要求增加工资并停止采用计算机排版。这次罢工持续了114天，让6亿份报纸未能印刷，导致服装模特站在商店前的橱窗中拿着黑板展示每日折扣，婚礼和葬礼也没法宣布消息。记者们改用其他文学方式，而广告商们则转向了电视。短新闻节目被延长至半小时，最早的新闻广播便由此诞生。

3秒钟人物传记
霍勒斯·格里利
1811—1872
报纸编辑，政治上活跃，其具有废奴主义倾向的《先驱报》到1861年每天销售13.5万份，他的塑像现在仍耸立在海诺德（先驱）广场和市政厅。

伯特拉姆·鲍尔斯
1922—2006
工会领袖，1962—1963年报纸行业罢工背后的推动者。

本文作者
金成

纸媒的历史又一次处于十字路口，因为数字传媒已经改变了城市居民购买和消费新闻的方式。

1819年5月31日
出生于纽约西山，是沃尔特·惠特曼和路易莎·凡·维尔索·惠特曼夫妇的第二个儿子

1823年
惠特曼一家搬到布鲁克林

1841年
放弃教书，从事新闻业

1846年
成为受众广泛的《布鲁克林每日鹰报》的主编

1855年
自费出版诗集《草叶集》，包含12首诗歌，印刷795册

1862年
跋涉来到弗里德里克斯堡，寻找在南方军中当兵的弟弟

1865年
出版了《桴鼓集》及其续集，这是一本描述美国内战的诗歌，包括致林肯总统的挽歌《最近紫丁香在庭园里开放的时候》

1871年
出版新作品集《民主远景》

1873年
得了一次中风，搬到他兄弟位于新泽西州卡姆登的住所

1892年3月26日
在卡姆登去世，享年72岁。有一千多人参加了"白发苍苍的老好诗人"的葬礼

人物介绍：沃尔特·惠特曼

WALT WHITMAN

19世纪的纽约，到处能闻到融化的铅、户外溢出的污秽之物、死了很久的动物尸体的味道，当然还有活牲畜的味道。这几乎跟诗歌扯不上关系，但那就是沃尔特·惠特曼诗里所表现的内容。一个认为自己的腋窝味道比祷告更好闻的人，是不会注意文学传统的。惠特曼不受韵律和文学传统的束缚，发明了一种新的诗歌形式，并将其用于一系列过去被认为不适合用于诗歌的题材，从而为自由的人民创造了自由诗体。1844年，美国最重要的学者拉尔夫·沃尔多·爱默生说，"新时代的经历需要新的表达方式，世界似乎总是在等待它的诗人出现"。纽约就是这个世界，而惠特曼就是这个诗人。

惠特曼出生于长岛，是家里活下来的八个孩子中的一个。但他大部分童年时光都在布鲁克林慌张地度过。十一岁时他被迫辍学以支持家计，因此他几乎没有接受过正规教育，但他从事过很多工作，包括教师、报社记者和印刷工、建筑工和护理员。他在政治上有强烈的直觉，致力于妇女和移民的权益运动，以及废奴运动，但更为突出的强硬语言则让他在所从事工作上待不了多久。

断断续续的失业让惠特曼感到倍受挫折，但对他的文学创作则是一种恩赐。19世纪40年代晚期的一个旱季，他完成了《草叶集》，这本诗集仍然是对美国诗人最有影响的诗歌集。《草叶集》最早出版于1855年，在惠特曼的余生中屡经修改和补充。这本诗集从最早的12首诗后来发展到400首诗，其中包括《曼纳哈塔》，歌颂"纽约这个由很多湍急的潮水和波光粼粼的海水环绕的地方，纽约这个名字是多么符合美国伟大的岛城……它在阳光中熠熠闪光，带着新世界的氛围、前景和行动！"惠特曼把诗集的初版寄给爱默生，后者回信写道，"我向您致敬，您已开始了一项伟大的事业。"

这项事业确实是伟大的。"我很伟大，"惠特曼写道，"我包容众生。"这包括无私地致力于照顾内战期间的老兵，这时，他最接近于意识到他所信奉的"四海一家"是美国的希望。不过，他用向男孩、男人和女人的身体虔诚颂歌的方式来"歌颂身体的冲动"，使得他的诗歌在他自己的时代让人觉得非常不体面，但却让我们时代的人觉得非常"贴切"。

萨拉·芬顿

文学
——纽约故事

30秒钟游览

3秒钟速览

关于纽约的小说并非简单地反映这个城市，而是向我们讲述它的经历。我们与我们最喜欢的小说中的人物分享着街道、地铁和小商店。

3分钟扩展

布鲁克林出生的莫里斯·森达克相信，"幻想"是孩子"驯服野兽"的工具。纽约的孩子们对狂野之物了如指掌，他们读的就是这些大胆的文字，包括《精灵鼠小弟》（1945年）中悲中带喜的生活，还有表现移民父母焦虑的《时代广场的蟋蟀》（1960年）。处于青春期的《小间谍哈瑞特》（1964年）则击退了寂寞。而对于天真无邪的孩子来说，那就跟随可爱的彼得一起来《下雪天》（1962年）吧。

120 ● 艺术和文化

要了解纽约的小说，可能要从华盛顿·欧文在韦斯切斯特的童年开始。童年不仅塑造了他幽灵般的短篇小说《断头谷传奇》（1820年），还有讽刺小说《纽约外史》（1809年）。要找到他的继承人，得稍稍往南边走，并且这是一百多年以后的事情了。汤姆·沃尔夫的《虚荣的篝火》（1987年）让横穿布朗克斯的快速路有了一处主要的景观，唐·德里罗的《地下世界》（1997年）则发生在华盛顿高地，而詹姆斯·鲍德温的小说《同窗之恋》（1962年）的主人公鲁弗斯则从华盛顿大桥上跳了下去。在曼哈顿的上东区，伊迪斯·华顿的《欢乐之家》（1905年）和杜鲁门·卡波特的《蒂凡尼的早餐》（1958年）里的漂亮姑娘们出卖灵魂换得资财。西尔维亚普拉斯的《瓶中美人》（1963年）里，主人公也身在上东区，但出卖的是自己的理智而非灵魂。漫步向西，进入中央公园，想一想冬季的鸭子和《麦田里的守望者》（1951年）的主人公霍尔顿·考尔菲德，然后再想一想亨利·罗斯在《就说是睡着了》（1934年）里介绍的下东区的移民生活。纽约地铁F线将你带至皇后区，这里有李昌来的小说《说母语的人》（1995年）里的韩国杂货店，再往南则可以看到绿化区。它既是贝蒂·史密斯《布鲁克林有棵树》（1943年）里的景色，也是科尔姆·托宾的《布鲁克林》（2009年）里新的开端。

3秒钟人物传记

约瑟夫·普利策

1847—1911

出生于匈牙利的出版商，他通过遗嘱设立了普利策奖，奖励音乐、新闻和文学方面取得的成就，现在由哥伦比亚大学负责。

阿瑟·米勒

1915—2005

哈莱姆出生的剧作家，以《推销员之死》（1949年）获得普利策奖。

本文作者

萨拉·芬顿

"我爱纽约，即使它并不属于我。"杜鲁门·卡波特的情感令诸多作家和读者感同身受。

博物馆
——古典城市

30秒钟游览

3秒钟速览

现在的博物馆工作人员不再只满足于保护恐龙的遗骨和殖民地时期的服装，他们研究的问题与气候变化、物种灭绝和文化身份一样紧迫。

3分钟扩展

在上西区，沿着中央公园，在一片风景秀丽的狭长地带上，坐落着美国自然历史博物馆，她像一位充满自信的女主角，展现她在文化和科学方面的意义。查尔斯·达尔文之后，进化生物学中取得的进展催生了这个博物馆，它于1869年在纽约军械库起家时只有少量的藏品，现在则拥有3200万件动物、植物、化石、陨石样本和文化工艺品。

纽约在如此长久的时间里曾作为移民进入美国的门户，所以纽约的遗迹和文化博物馆所讲述的故事从来都不只是关于纽约本地的描述，而是美国全国性的，甚至是世界性的。从堪萨斯或基尔肯尼远道而来参观下东区廉租公寓博物馆的游客们，可能会在扁皮箱、陶器和珍藏的照片里发现自己的祖先的遗迹。纽约市博物馆的位置更靠北，现址位于第五大道和103街交汇处，里面的"飞剪船"同殖民地时期的家具与20世纪的高档服装一样，都是观众注意的焦点。美国西班牙裔协会博物馆则是最早致力于种族研究的博物馆之一，于1904年在华盛顿高地开馆。一个世纪之后，美国华人博物馆也搬到了唐人街和"小意大利"交界处由林璎（玛雅·林）设计的大楼里。为了"浸入式"地体验不同的博物馆，人们可以登上停靠在86号码头的退役航母（美国海军"无畏号"），或者前往皇后区在纽约科学馆体验互动式展览。同样具有浸入式体验的，还有布鲁克林儿童博物馆和纽约交通博物馆。前者在1899年开馆时是同类博物馆中的第一家，而后者的参观者可以进入一座废弃的地铁站的隧道。

3秒钟人物传记

大卫·霍萨克
1769—1835
纽约出生的物理学家和植物学家，他的埃尔金植物园是现在位于布鲁克林和布兰克斯众多植物园的始祖。

詹姆斯·佩里·威尔逊
1889—1976
美国艺术家，他涂装了美国自然历史博物馆宏伟的动物立体模型。这些模型于1942年首次展出，并在2011年得以精心修复。

本文作者

萨拉·芬顿

纽约很多最著名的博物馆是由美国内战后数十年里发家的实业家们建立的。

歌曲、电影电视和
体育

歌曲、电影电视和体育
词汇表

B（野兽）男孩（B-boys） 霹雳舞者。霹雳舞是一种街头舞蹈，起源于20世纪70年代的非裔美国人和纽约的波多黎各人。

褐砂石建筑（Brownstone） 联排住宅，之所以这么叫是因为其外表是赤褐色的砂石。在纽约，褐砂石联排住宅在布鲁克林和曼哈顿上西区最多见。

赛福（Cypher） 非正式的说唱比赛。

纽约尼克斯队（Knicks） 美国职业篮球联赛（NBA）的篮球队，主场位于麦迪逊广场花园球馆。他们在NBA中的同城对手是布鲁克林篮网队，该队主场在布鲁克林的巴克莱中心球馆。

博拉尼克高跟鞋（Manolo Blahniks） 高端女鞋，由西班牙设计师博拉尼克设计。在以纽约为背景的电视剧《欲望都市》里，凯莉·布拉德肖垂涎并穿上了博拉尼克高跟鞋，这一幕非常有名。

"MCs" 说唱歌手的另外一个称谓。"MC"一词源自节目主持人（Master of Ceremonies）。说唱歌手控制了麦克风，并伴着音乐说唱。

布鲁克林大都会队（Mets） 位于皇后区的美国职业棒球大联盟球队，成立于1962年，此时布鲁克林道奇队和纽约巨人队都分别搬到洛杉矶和旧金山。1964—2008年，大都会队的主场为皇后区法拉盛草原可乐娜公园里著名的谢亚球场，他们的新场馆则是毗邻的花旗球场。

纽约马拉松赛（New York City Marathon） 年度跑步比赛，全长约42千米（26英里），赛道沿着纽约的五个区，始于韦拉扎诺海峡大桥附近的斯塔腾岛，终点位于中央公园的传奇餐厅"绿地酒馆"之外。首次比赛于1970年举行。

萨伏伊宴会厅（Savoy Ballroom） 位于曼哈顿哈莱姆140街和141街之间的宴会厅，于1926—1958年营业。1934年，爵士舞标准"萨伏伊的爵士舞"以宴会厅的名字命名。包括朱迪·嘉兰、亚瑟·泰特姆、艾拉·蒙兹杰拉德和路易斯·阿姆斯特朗在内的许多大师都曾演奏过这首曲子。

"地铁大战"（Subway series） 指的是主场同为纽约的棒球队之间的比赛，过去是洋基队对阵巨人队或洋基队对阵道奇队，现在则是洋基队对阵大都会队。最初，这个名字是用于赛季末美国两大棒球联盟冠军对垒，现在则用于常规赛季中洋基队和大都会队的比赛。

糖山（Sugar Hill）　位于哈莱姆的汉密尔顿高地，之所以被这么称呼，是因为此地在20世纪20年代是富人和名人的居所。比尔·斯特拉伊霍恩的爵士舞标准《搭乘地铁A线》中就提到了"糖山"。而"糖山帮"乐队则因"糖山"而得名，他们发行了《说唱歌手的乐事》，该曲成为"流行单曲40强排行榜"有史以来第一首说唱歌曲。

"带我去看棒球赛"（'Take Me Out to the BallGame'）　1908年的锡盘巷歌曲，由杰克·诺尔沃斯和阿尔伯特·冯·提尔泽在纽约创作，是为棒球迷们所写的非官方赞歌。这首歌曲的大合唱通常是在第七场半场休息时由观众来唱。

洋基队（Yankees）　美国职业棒球大联盟中偶像级的球队，1923—1973年及1976—2008年，主场为位于布朗克斯的洋基体育馆，又称为"棒球的教堂"。2009年，球队主场搬迁至旁边造价为23

亿美元的体育馆，仍用原名，位于河街和161街交汇处。洋基队于1901—1902年诞生时的名称为"巴尔的摩金莺队"，此后用"纽约高地人"的队名达十年之久，然后改为了现在的名字。

皇后区大桥（Queensboro Bridge）　跨越东河，将皇后区的长岛城街区和曼哈顿连接起来的大桥。在伍迪·艾伦1979年的电影《曼哈顿》中，伍迪·艾伦饰演戴维斯，黛安·基顿饰演玛莉·威尔基，他们俩坐在萨顿公园的长凳上看着黎明时的大桥，这个场景出现在电影的海报上，现在成为纽约的经典景色。大桥也被称为"第59街大桥"，因为其在曼哈顿的一端位于第59街和第60街之间，这座桥还在西蒙和加芬克尔1966年的歌曲《第59街大桥之歌》中被提到。

古典音乐之城
——纽约之声

30秒钟游览

3分钟扩展

虽然不是维也纳或柏林，但纽约也培养了这么多著名的古典音乐家。安东宁·德沃夏克在纽约写成了他的《新世界交响曲》。布鲁克林的音乐家亚伦·科普兰和乔治·格什温，前者被称为"美国音乐的老师"，后者在百老汇非常著名，但也以歌剧和协奏曲著称，如歌剧《波吉和贝丝》和协奏曲《蓝色狂想曲》。他们俩与伦纳德·伯恩斯坦一道，在美国大众中普及了古典音乐。

怎么去卡内基音乐厅呢？"练习，练习，练习！"这个著名的笑话是这么讲的。自从柴可夫斯基于1891年以自己作品音乐会的形式在卡内基音乐厅首演，全世界的音乐家们都把目光投向了这个舞台。这里是纽约古典音乐最神圣的地方，紧临林肯中心，后者是世界上最大的表演艺术中心。卡内基音乐厅占地面积6.5公顷（16英亩），是十多家表演公司和音乐教育机构的所在地，其中最值得注意的是大都会歌剧院和纽约爱乐乐团。这些表演公司在当地留住了热情的观众，同时是重要的旅游景点，并且希望服务全世界。纽约爱乐乐团制作广播节目，拥有自己的唱片公司，而大都会歌剧院则制作高清电视节目，传送至70多个国家的2000多家影院。纽约人并非只在面积宏大、用吊灯照明的礼堂里欣赏威尔第和肖邦的经典音乐。他们也前往布鲁克林大桥下东河里停泊的经过装修的咖啡驳船。这里举行驳船音乐会，人们亲密无间地欣赏室内音乐会。夏日的晚间，人们同成千上万的邻居一道，把毯子和吃食夹在胳膊下，来到中央公园的大草坪上瘫坐，观看纽约爱乐乐团的免费演出，音乐会之后还要进行烟花表演。

相关主题

3秒钟人物传记

伦纳德·伯恩斯坦
1918—1990
1958—1990年任纽约爱乐乐团指挥，经典音乐、流行音乐和爵士乐作曲家，最以《西区故事》而闻名。

贝弗利·希尔斯
1929—2007
歌剧明星，电视名人，从1955年在纽约市歌剧院以"室内女高音"的身份开始自己的职业生涯，然后成为歌剧院的总经理。后来还同时担任林肯中心和大都会歌剧院的负责人。

本文作者

詹妮弗·沙朗

伦纳德·伯恩斯坦体现了纽约人的笃定，那就是"我不再非常确定问题是什么，但我知道答案是肯定的"。

流行音乐
——纽约流行单曲40强

30秒钟游览

3秒钟速览

音乐决定了纽约，纽约也决定了音乐。音乐通常是纽约文化发展的核心。

3分钟扩展

"纽约流行单曲40强"并非全是大场面和大环境。纽约的流行歌曲集都是表现城市勇气的歌词，如比莉·哈乐黛的《纽约之秋》等爵士乐标准，西蒙和加芬克尔民谣经典《寂静之声》中的疏离感，以及卢·里德描述瘾君子生活的《等待那个男人》，还有DJ"大师"弗莱什的嘻哈歌曲《The Message》中对贫民区暴力的描述。

在不眠的城市中醒来，看一看百老汇，坐地铁A线去糖山，沿着让自己感觉焕然一新的街道行走，永远不要失去你的纽约心态。从约翰·列侬到弗兰克·辛纳特拉，从比莉·哈乐黛到艾丽西亚·凯斯，每个人都曾为他们与纽约的爱而放声高歌。反过来，这些用音乐表达的"情书"也定义了这座城市，这里是如此多音乐样式的诞生之地，包括嘻哈、比波普爵士、迪斯科、拉丁爵士，这些音乐的组合只能在纽约出现。音乐的节奏持续着，一直持续着。每一届纽约马拉松赛开始时和每一次洋基队比赛结束时，扬声器都会播放《纽约，纽约》。这些歌曲被人们改编、传播、重新采样、重新录音。今天，但最好还是周末，搭乘凌晨的地铁向东去，一些吵闹的人群会喊《不到布鲁克林不睡觉》，这是男团"野兽男孩"在1986年的代表歌曲，现在仍然描绘了纽约夜猫子的原始力量。

相关主题

古典音乐之城
128页

3秒钟人物传记

弗兰克·辛纳特拉
1915—1998
美国流行金曲最杰出的歌手，也是演员、制作人和导演，是有史以来最畅销作品的音乐人之一，全球共卖出唱片**1.5亿张**。

艾拉·费兹杰拉德
1917—1996
爵士乐歌手，被称为"歌唱第一人"，她同所有杰出的爵士乐歌手合唱过，包括艾灵顿公爵、班尼·古德曼，并在哈莱姆萨伏伊舞厅和卡内基音乐厅等场所演唱，观众爆满。

本文作者

詹妮弗·沙朗

艾灵顿公爵对那些音乐评论人不满。这些人试图给他的音乐打标签。但艾灵顿公爵认为他的音乐无法被分类，因为他的音乐是美国音乐大熔炉的一部分。

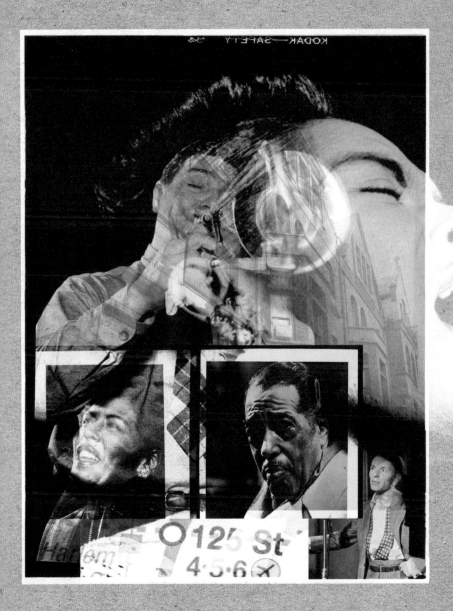

1969年12月4日
出生在布鲁克林的贝
德福德—史岱文森

1974年
搬到位于玛西的公共
住宅

1989年
在说唱歌手Jaz-O的
歌曲《夏威夷的索
菲》中进行表演

1994年
出现在说唱歌手"凯
恩老爹"的专辑《老
爹之家》中

1996年
在纽约成立"Roc-a-
Fella"唱片公司

1996年
出版首张专辑《合理
的怀疑》

1999年
推出单曲"Hard
Knock Life Tour",
以及自己的服装品牌

2001年
专辑《蓝图》登上公
告牌200强单曲排行
榜第一名

2003年
出版《黑色专辑》,
宣布从嘻哈音乐
"退休"

2004年
被任命为Def Jam唱
片公司总裁

2005—2007年
出版专辑《王国归
来》和《美国黑帮》

2008年
同碧昂丝成婚,成
立摇滚王国(Roc
Nation)娱乐公司

2011年
同说唱歌歌手坎
耶·维斯特合作,出
版专辑《注视皇冠》

2012年
在歌曲《荣耀》中尝
试蓝调音乐,将篮网
队带到布鲁克林

2013年
发行《万能的卡特:
圣杯》,启动摇滚帝
国的体育业务

2015年
买下音乐流媒体服务
商"TIDAL"

人物介绍：Jay Z

Jay Z

当肖恩·卡特（艺名Jay Z）只有六岁的时候，他从祖母位于莱克星顿街的褐砂石联排住宅搬到位于布鲁克林贝德福德—史岱文森街区的六层公寓楼里。正是在这个叫作玛西的公共住宅里，Jay Z第一次接触到嘻哈音乐。调音师们从大楼的地下室将电线引到院子里，将迪斯科、灵魂乐和节奏布鲁斯掺和在一起。当地的说唱歌手在喧闹的人群前斗歌，跳霹雳舞的男孩子们则在油毡上挥手和旋转。从Jay Z年幼时，社区的人们就认识到他有音乐方面的才华。他大晚上在厨房的桌子上敲出有节奏的声响让家人都陪着熬夜，与同班同学布斯塔·理姆斯和比吉·斯摩尔斯在中学的非正式说唱比赛中进行表演。20世纪90年代初，他赢得机会，在本地嘻哈音乐前辈"凯恩老爹"和"Jaz-O"的专辑中出演配角。

没有业界渠道的"Roc-a-Fella"公司自己营销了两首热门歌曲，此后又在1996年发行了专辑《合理的怀疑》。一系列热门歌曲史无前例地一拥而至，包括1998年的《硬爆生活》和2003年的《黑色专辑》。唱片销售只是"Roc-a-Fella"公司庞大业务的冰山一角，《硬爆生活》巡回演唱会在11周内挣了1800万美元，"Rocawear"服饰一年的销售额就有7亿美元，而40/40俱乐部则开了不少分店。人们认为Jay Z精通掌控说唱歌手粉丝的流量，他的财富可以总结为同等重要的敏锐的商业头脑和超凡的作词能力。

"我不是一个生意人，"他曾于2005年这么解释，"我就是生意。"

Jay Z接下来成为"Def Jam"唱片公司的首席执行官和总裁，与此同时发行了《王国归来》和《美国黑帮》两张专辑，为总统候选人贝拉克·奥巴马站台，参与制作了碧昂丝的两张专辑，并在2008年4月同这位音乐上的合作者结为夫妇。

作为巩固自己全球最具雄心企业家地位的举动，Jay Z成立了"Live"帝国和J酒店两家公司，制作了一部百老汇音乐剧，买下布鲁克林篮网队的一部分股权，协助将巴克莱中心搬到布鲁克林区，成立了体育竞技公司"摇滚王国体育竞技公司"，还取得了音乐流媒体服务商"Tidal"的控股权。他还开始了家庭生活，在2012年迎来女儿布鲁·艾薇·卡特的降生。女儿的哭声出现在歌曲《荣耀》的结尾部分，让她成为登上"公告牌"音乐流行排行榜有史以来最年轻的艺人。

电影
——大荧幕

30秒钟游览

本文作者

萨拉·芬顿

3秒钟速览

电影观众喜欢看到城市被占领，无论是被类人猿（《金刚》，1933年）、自然现象（《捉鬼敢死队》，1984年）、外星人（《独立日》，1996年）还是被怪物（《科洛弗档案》，2008年）占领。

3分钟扩展

1888年10月，托马斯·爱迪生公开宣称，正在对一种设备进行试验，这种设备对于眼睛的功效，等同于留声机对耳朵的功效。爱迪生首次在布鲁克林研究所展示了他的"动态图片"。20世纪早期出现了"五分钱戏院"，即商店店面的剧院，只收五美分，拥有投影仪、屏幕、钢琴和一堆露营用的椅子。

那些只通过电影了解纽约的人认为音乐教师（《金玉盟》，1957年）和步履维艰努力奋斗的演员（《罗斯玛丽的婴儿》，1968年）住在能看到公园景致的宽大公寓楼里。他们是可以被原谅的。电影爱好者想象中的时代广场，要么是造梦之地（《第四十二街》，1933年），要么是噩梦之地（《出租车司机》，1976年），当他们看到时代广场只不过是花哨的商业十字路口时，会感到惊讶。大银幕之外的纽约人可能同电影《后窗》（主演格蕾丝·凯利，1954年）和《蒂凡尼的早餐》（主演奥黛丽·赫本，1961年）里虚构的主人公天差地别。他们的行为也同《华尔街》（1987年）里的股市大亨戈登·盖柯或《美国精神病人》（2000年）里的帕特里克·贝特曼大相径庭。而且，无论伍迪·艾伦如何充满爱意地拍摄《曼哈顿》（1979年）这部电影，没有任何屏幕可以提升从萨顿公园的长椅上看到的皇后区大桥的景象。但另一方面，比起从电影《佩勒姆123》（1974年）中学习地铁礼仪，人们可能会做得更差劲，所以当别人掏出枪的时候，请你保持冷静。不要忘记《彗星美人》（1950年）中名气下跌的明星有着敏锐和智慧，也不要忘记《为所应为》（1989年）里炎热夏日的贝德福德—史岱文森街区发生的纠纷。

20世纪20年代，各个"豪华电影院"的奢侈程度达到顶峰，此时电影院配备有时髦的领位员，现场伴奏的乐队，还有奢华的建筑。

电视
——小荧幕

30秒钟游览

3秒钟速览

纽约集荒诞、魅力、勇敢和智慧于一身，其想象力俘获了观众们，引领了千万种潮流，并产生了让人成瘾的娱乐业。

3分钟扩展

"如果你不是要成为公民社会的一部分，那么请上车，继续开往曼哈顿东区。"——《宋飞正传》

"美会转瞬即逝，但一套俯瞰公园的廉租公寓楼却是恒久的。"——《欲望都市》

"唐要做广告？不可能！麦迪逊大街？真浪费！"——《广告狂人》

"这是纽约，记住了吗？有时候人们挨了顿打，无缘无故地。"——《法律与秩序》

如果我们能相信电视，那么曼哈顿到处都是手段毒辣的犯罪分子，冰川时期的穴居人解冻后变成的律师，不注意人与人之间距离的话痨，饱受摧残的广告公司主管，以及更多的莫罗·伯拉克风格的人，所有这些都可以塞进租金受到管控的褐砂石联排住宅中。在《宋飞正传》里，杰瑞、克莱默、乔治和伊莱恩忍受着纽约每日的荒诞事。纽约人中，有对顾客挑三拣四的卖汤老板，说话声音极小的人，吃了一口薯片又再次蘸酱不注意卫生的人，开发男用乳罩的人，并不是说这些人有什么问题。在《欲望都市》中，纽约因拥有设计师精品店和时髦的餐厅而熠熠生光。该剧用率直的眼光来看待性和友谊，让观众将自己比作凯莉、米兰达、夏洛特或者萨曼莎，并辩论是嫁给金融巨头还是嫁给所爱的人。《法律与秩序》这部真实描述警察的法律剧，就是在纽约的普通街道上拍摄的，剧情就来自报纸头条，充满了本地色彩，配角也是纽约人，包括政治家鲁迪·朱利安尼和小说作者弗兰·勒波维茨。《周六夜现场》则通过恶搞政治和流行文化，为大量著名嘉宾提供了舞台，并带给观众成百上千有"引用价值"的角色，创纪录地赢得45次艾美奖和无数的笑声。现在在纽约摄制的电视秀有46部，直观证明纽约是随时可以上镜的城市。

相关主题

流行音乐　130页
电影　134页

3秒钟人物传记

杰基·格黎森
1916—1987
美国演员和喜剧演员，曾在以布鲁克林布什维克为背景的《蜜月期》中扮演巴士司机拉尔夫·卡拉门登，并曾出演过一部最早表现美国工人阶级的节目。

吉姆·亨森
1936—1990
布偶戏演员，以电影《布偶大电影》和同美国公共广播公司（PBS）合作20年出演以曼哈顿虚构街道为背景的《芝麻街》而闻名。

本文作者

金成

纽约市直到20世纪50年代都还是电视业的中心，后来就被好莱坞取代了。但到现在仍然是网络新闻的中心。

身体接触的体育项目

30秒钟游览

1905年11月21日，纽约联合学院二年级学生、橄榄球防守后卫哈罗德·摩尔擒抱摔倒纽约大学队的前锋。摩尔没戴头盔，被争球的众人压住而死于脑出血。他是因橄榄球运动受伤于当天去世的三名运动员中的一位，也是于当年因橄榄球伤病死亡的二十名运动员中的一位，这使得罗斯福总统将一帮橄榄球队教练召至白宫，制定一些规则。这次会议制定的规则包括，如果向前传球球一旦落地（无人接到）即停止进攻（死球），消除了致摩尔于死地的球员"叠罗汉"的现象。在接下来的三十年间，戴头盔还不是强制性的。纽约人喜爱他们在橄榄球场上的勇士，为有两支美国国家橄榄球联盟的队伍而感到自豪。喷气机队和巨人队共享位于新泽西州东拉瑟福德的体育场，他们还共享职业体育中最大的市场之一。巨人队作为美国国家橄榄球联盟东北区域历史最悠久的队伍，保持着夺冠次数最多的纪录，并赢得过四次"超级碗"，其赛季门票的等待名单超过12.5万人。喷气机队仅在1969年的"超级碗"中亮相过一次，该队四分卫乔·纳玛什兑现了他的承诺，击败了备受青睐的巴尔的摩小马队。关于纽约人选择支持哪支球队众说纷纭，理由包括地理位置和阶层，甚至是家庭传统。

3秒钟速览

残酷性并非橄榄球所独有，篮球也并未完全占据麦迪逊广场花园。除此之外，纽约还有两支美国国家冰球联盟的球队。

3分钟扩展

尽管首次篮球赛是在马萨诸塞州举行的，但篮球真正的故乡却是纽约市。从狭窄的沥青操场，到洒满汗水的大学体育馆，再到晚上的麦迪逊广场花园，在这里纽约尼克斯队情绪高涨，而观众们也情绪高亢。自美国国家女子篮球协会于1996年成立以来，麦迪逊花园广场还一直是纽约自由人队的主场。布鲁克林篮网队的主场则于2012年搬到位于亚特兰提（大西洋）大道的巴克莱中心。

相关主题

人物介绍：西奥多·罗斯福　15页

教育之都　102页

棒球　140页

3秒钟人物传记

劳伦斯·泰勒

1959 —

橄榄球历史上最优秀的防守球员，整个职业生涯都是纽约巨人队的中后卫，跟随球队赢得两次"超级碗"。

马克·梅西耶

1961 —

纽约游骑兵队的队长，1994年在麦迪逊广场花园举行的史丹利杯冰球赛的第七场比赛中攻入制胜一球，使得游骑兵队在54年的球队历史中首次夺得史丹利杯。

本文作者

萨拉·芬顿

"NBA"成立于1946年，曾在种族融合方面步履缓慢。现在，"NBA"球员中接近四分之三都是非裔美国人。

棒球
——开球！

30秒钟游览

3秒钟人物传记

小乔治·赫尔曼·
"宝贝"·鲁斯
1895—1948
纽约洋基队的外场手，
创下全垒打记录，被认
为是20世纪最伟大的
棒球运动员。

小威利·霍华德·梅斯
纽约巨人队多年的明
星，他在参加美国南部
各州黑人联盟的比赛中
成长起来，获得2015年
总统自由奖章。

本文作者

詹妮弗·沙朗

3秒钟速览

不用猜，棒球的"颂歌"《带我去看棒球赛》就来自纽约。这首歌是作者在搭乘地铁时写就的。

3分钟扩展

纽约的街道曾经是拥有"运动器材"的孩子们的地盘，这些运动器材包括粉红色橡胶制成的"斯伯丁"手球，玩"棍子"球游戏的扫把杆（上有孔洞作为"垒"），还有玩叫作"骷髅"的棋盘游戏的时候使用的瓶盖和粉笔。"棍子"球游戏在20世纪早期兴起。在20世纪四五十年代"棍子"球最兴盛的时候，从西班牙哈莱姆区到"小意大利"，所有的街区里都有一支"棍子"球队。

很少有东西比"地铁大战"更能将纽约人聚在一块儿，这是一年一度纽约两支职业棒球队硬碰硬的比赛。住在"混凝土森林"里的居民们需要一个发泄口，或至少有一个地方让他们叫喊和欢呼。幸运的是，有很多地方可供选择，纽约有六支职业球队。棒球号称拥有数量最多的爱好者，大多数纽约人都有支持的球队，要么支持万年冠军、号称"布朗克斯轰炸机"的洋基队，要么支持同城对手大都会队。人们对球队的忠诚根深蒂固。布鲁克林道奇队和纽约巨人队都无法击败纽约洋基队，于是前面两支球队于1957年离开纽约前往加州，于是被它们抛下的球迷改换门庭，支持替代它们的球队。新球场花旗球场模仿了道奇队曾经的主场埃贝茨球场，大都会借此增强了球迷的忠诚度。花旗球场的杰基·罗宾森中厅是一个圆形建筑，它向杰基·罗宾森这位道奇队前队员致敬。1947年他作为第一位非裔美国人参加棒球大联盟。除了球场上的传奇人物，纽约还培养了很多体育人物，他们更以自己的声音为人们所知。纽约有全美最早的24小时体育评论电台（WFAN），其著名的广播评论员用一场又一场的赛事解说打动了数百万听众。

纽约诗人沃尔特·惠特曼给棒球起了"美国的运动"的名字，他认为棒球具有美国独特的"接球（冲动）、跑动（活力）、投球（热情）"的氛围。